Kevin Donath

Machine Learning

Eine Analyse des State of the Art

Bibliografische Information der Deutschen Nationalbibliothek:

Die Deutsche Nationalbibliothek verzeichnet diese Publikation in der Deutschen Nationalbibliografie; detaillierte bibliografische Daten sind im Internet über http://dnb.d-nb.de abrufbar.

Impressum:

Copyright © Science Factory

Ein Imprint der Open Publishing GmbH

Druck und Bindung: Books on Demand GmbH, Norderstedt, Germany

Covergestaltung: Open Publishing GmbH

Inhaltsverzeichnis

Abstract...5

Abkürzungsverzeichnis...6

Abbildungsverzeichnis..7

1 Einleitung..8

    1.1 Begriff und Konzept des „Machine Learning"....................................8

    1.2 Aufbau der Arbeit und Vorgehensweise...9

2 Software und Hardware Grundlagen..10

    2.1 Klassifikationen von Machine Learning Algorithmen.....................10

    2.2 Deep Learning in neuronalen Netzen...11

    2.3 Hardware für Machine Learning...14

3 Key Player...16

    3.1 Google...16

    3.2 IBM..18

    3.3 Nvidia...20

    3.4 Microsoft..20

    3.5 Amazon...22

    3.6 OpenAI..23

4 Anwendungsgebiete...25

    4.1 Medizin...25

    4.2 Finanzwesen...28

    4.3 Marketing...30

    4.4 Cyber-Security..31

    4.5 Autonomes Fahren...33

    4.6 (Video-)Spiele..37

5 Zusammenfassung und Ausblick **39**

    5.1 Zusammenfassung 39

    5.2 Ausblick..41

6 Literaturverzeichnis... **42**

    6.1 Bücher (Monographien) 42

    6.2 Bücher (Sammelwerke) 42

    6.3 Buchkapitel..42

    6.4 Graue Literatur / Berichte / Reports...43

    6.5 Internetdokumente...44

    6.6 Zeitschriftenaufsätze..51

Inhaltsverzeichnis

Abstract...5

Abkürzungsverzeichnis...6

Abbildungsverzeichnis..7

1 Einleitung...8

   1.1 Begriff und Konzept des „Machine Learning"...8

   1.2 Aufbau der Arbeit und Vorgehensweise..9

2 Software und Hardware Grundlagen 10

   2.1 Klassifikationen von Machine Learning Algorithmen.....................................10

   2.2 Deep Learning in neuronalen Netzen...11

   2.3 Hardware für Machine Learning...14

3 Key Player..16

   3.1 Google..16

   3.2 IBM...18

   3.3 Nvidia...20

   3.4 Microsoft...20

   3.5 Amazon 22

   3.6 OpenAI...23

4 Anwendungsgebiete..25

   4.1 Medizin..25

   4.2 Finanzwesen...28

   4.3 Marketing..30

   4.4 Cyber-Security..31

   4.5 Autonomes Fahren...33

   4.6 (Video-)Spiele...37

5 Zusammenfassung und Ausblick **39**

    5.1 Zusammenfassung 39

    5.2 Ausblick 41

6 Literaturverzeichnis **42**

    6.1 Bücher (Monographien) 42

    6.2 Bücher (Sammelwerke) 42

    6.3 Buchkapitel 42

    6.4 Graue Literatur / Berichte / Reports 43

    6.5 Internetdokumente 44

    6.6 Zeitschriftenaufsätze 51

Abstract

Die vorliegende Arbeit gibt einen Überblick über den aktuellen Stand des Machine Learning. Dazu werden zunächst die Technischen Grundlagen dargestellt. Von besonderer Wichtigkeit ist das Deep Learning. Danach wird eine Auswahl an Key Playern mit ihren Produkten und Forschungen vorgestellt. Zuletzt wird auf einige Anwendungsgebiete für Machine Learning eingegangen. Dabei wird die Art des Einsatzes, die Potential und die Herausforderungen für die Technologie aufgezeigt.

Abkürzungsverzeichnis

Amazon Web Services	AWS
Application-Specific Integrated Circuit	ASIC
Artificial Intelligence	AI
Bruttoinlandsprodukt	GDP
Bruttosozialprodukt	GNP
Computer Prozessoren	CPU
Graphic Processing Units	GPU
Intrusion Detection System	IDS
Magnetresonanztomographie	MRT
Tensor Processing Unit	TPU

Abbildungsverzeichnis

Abbildung 1: Neuronales Netz 12

Abbildung 2: Why deep learning? 13

Abbildung 3: Sensoren für Autonomes Fahren 34

Abbildung 4: 3D Umgebung Autonomes Fahren 35

1 Einleitung

1.1 Begriff und Konzept des „Machine Learning"

Maschinelles Lernen ist eine Teildisziplin der Informatik, die laut Wikipedia (2017b) folgendermaßen definiert ist:

> „Maschinelles Lernen ist ein Oberbegriff für die „künstliche" Generierung von Wissen aus Erfahrung: Ein künstliches System lernt aus Beispielen und kann diese nach Beendigung der Lernphase verallgemeinern. Das heißt, es werden nicht einfach die Beispiele auswendig gelernt, sondern es „erkennt" Muster und Gesetzmäßigkeiten in den Lerndaten."

Machine Learning ist eine mögliche Umsetzung von künstlicher Intelligenz (im Englischen Artificial Intelligence, kurz AI), die in Software für Dinge wie Computer Vision, Spracherkennung, Sprachverarbeitung und Steuerung von Robotern eingesetzt wird (Jordan & Mitchell, 2015). AI ist ein Zweig der Informatik, der sich damit beschäftigt intelligentes Verhalten in Computern zu simulieren (Merriam-Webster, 2017).

Dieses Konzept wird für Firmen aus allen Wirtschaftszweigen sowohl in internen Prozessen als auch in Produkten immer bedeutender. Im Jahr 2016 wurden 26 bis 39 Milliarden Dollar in das Feld investiert, wobei die externen Investitionen sich seit 2013 verdreifacht haben (Burghin et al., 2017). Unter den Investoren sind auch viele der weltweit größten Technologieunternehmen wie Google (Zerega, 2017), Baidu (Bloomberg, 2017) und Microsoft (Novet, 2017), die AI zu ihrer obersten Priorität erklärt haben.

Gartner (2017), eine der weltweit führenden Firmen im Bereich der Forschung und Beratung, nennt angewandte künstliche Intelligenz und fortgeschrittenes maschinelles Lernen an erster Stelle ihrer top 10 strategischer Technologietrends des Jahres 2017. Die Technologien des Rankings stehen kurz vor dem Durchbruch und haben das Potential industrieübergreifende Veränderungen zu bringen. Diese sind unterteilt in die drei Kategorien „intelligent", „digital" und „vernetzt". Maschinelles Lernen wird in der Kategorie „intelligent" gelistet. Vier der weiteren neun Trends, nämlich intelligente Apps, intelligente Dinge, Konversationssysteme und adaptive Sicherheitsarchitektur, werden dabei erst durch maschinelles Lernen ermöglicht.

Nach einer Analyse der Wirtschaftsprüfungsgesellschaft PwC (2017) soll das globale Bruttoinlandsprodukt (GDP) bis 2030 aufgrund der Entwicklungen im Bereich der AI um 14% steigen.

Der Begriff „Machine Learning" wurde in den 1950er Jahren zum ersten Mal von Alan Turing im Zusammenhang mit AI verwendet. Er erkannte, dass es zu komplex ist, Intelligenz manuell zu programmieren. Deshalb wollte er künstliche Intelligenz durch Lernen an Beispielen erzeugen (Muggleton, 2014).

1.2 Aufbau der Arbeit und Vorgehensweise

Das Ziel dieser Arbeit ist es, das Thema „Machine Learning" zu analysieren und einen Überblick zu geben. Der Fokus soll dabei auf der Darstellung des aktuellen Standes der Technologien, den Aktivitäten der Key Player und den Anwendungsgebieten liegen.

Die Methode dieser Arbeit ist eine Literaturrecherche. Dafür wurden zunächst die Online-Datenbanken Business Source Complete, SpringerLink, ACM Digital Library, Google Scholar sowie Google nach Quellen durchsucht. Um die Aktualität der Arbeit zu gewährleisten wurden zunächst Quellen ab dem Jahr 2015 bevorzugt und die Suche dann auf Quellen ab 2010 ausgeweitet. Betrachtete Quellen sind Artikel aus akademischen Journals, Fachliteratur, Berichte aus Forschung, Wirtschaft und Presse, sowie Informationen von Firmenwebseiten. Die gefundene Literatur ist dabei hauptsächlich in englischer Sprache. Der Suchbegriff „Artificial Intelligence" hat sich dabei als ergiebiger herausgestellt, als „Machine Learning". In vielen Quellen wird unter dem Namen der AI ein Vorgang beschrieben, der durch Machine Learning ermöglicht wird. Am Anfang wurde mit den allgemeinen Suchbegriffen „Machine Learning" und „Artificial Intelligence" ein Überblick über das Thema geschaffen und mithilfe der gefundenen Quellen eine erste Gliederung erstellt. Im zweiten Schritt wurden Quellen spezifisch für die Punkte der Gliederung gesucht. Hierfür wurde in den Suchmaschinen der Gliederungspunkt zusammen mit den Begriffen „Maschine Learning" und „Artificial Intelligence" als Suchbegriff verwendet. Die gefundenen Quellen wurden im Anschluss analysiert, auf Qualität geprüft, und ihr Inhalt zu dieser Arbeit zusammengefasst.

Die Arbeit ist in fünf Kapitel unterteilt. Im ersten Kapitel wird das Konzept des Machine Learning und der Aufbau der Arbeit vorgestellt. Im zweiten Kapitel werden die Grundlagen in Software und Hardware vorgestellt. Im dritten Kapitel wird eine Auswahl an Unternehmen und deren Aktivitäten vorgestellt, die aktiv im Bereich des Machine Learning Forschen, Entwickeln, oder Produkte anbieten. Das vierte Kapitel gibt einen Überblick über aktuelle Anwendungsgebiete für maschinelles Lernen. Abschließend werden die Erkenntnisse der Arbeit zusammengefasst und ein Ausblick auf mögliche Entwicklungen auf dem Gebiet gegeben.

2 Software und Hardware Grundlagen

Das folgende Kapitel befasst sich mit den Grundlagen des Machine Learning. Dazu werden Software und Hardware betrachtet. Zunächst wird ein Überblick über die in der Literatur gebräuchlichen Softwareklassifikationen gegeben. Darauf aufbauend beschreibt das zweite Unterkapitel die Methode des Deep Learning in neuronalen Netzen, welche bei vielen aktuellen Fortschritten im Mittelpunkt steht. Abschließend wird der aktuelle Stand der Hardware für Machine Learning dargestellt.

2.1 Klassifikationen von Machine Learning Algorithmen

Eine in der Literatur weit verbreitete Methode, einen Überblick über die verschiedenen Machine Learning Algorithmen zu geben, ist diese nach den Arten des Lernens zu unterscheiden (Brownlee, 2013; Fumo, 2017; Marshland, 2015). Hierfür gibt es die fünf Klassifikationen Supervised Learning, Unsupervised Learning, Semi-Supervised Learning, Reinforcement Learning und Evolutionary Learning. Die Eigenschaften dieser Typen werden im Folgenden beschrieben.

Supervised Learning

Supervised Learning Algorithmen berechnen aus einer gegebenen Dateneingabe eine Datenausgabe. Wie diese Berechnung durchzuführen ist, verallgemeinert der Algorithmus aus Lerndaten, die ihm zuvor zur Verfügung gestellt wurden. Diese Lerndaten bestehen aus korrekten Eingabe-Ausgabe-Paaren. Man spricht dabei auch von Labeled Data (Sammut & Webb, 2017, pp. 1213–1214). Der Vorteil von Machine Learning ist dabei die Generalisierung. Die Lerndaten müssen nicht jede mögliche Kombination beinhalten, damit der Algorithmus funktioniert. Stattdessen wird das gelernte verallgemeinert, sodass auch aus unbekanntem Input ein sinnvoller Output generiert werden kann (Marshland, 2015).

Unsupervised Learning

Unsupervised Learning Algorithmen werden für Probleme verwendet, für die es keine Lerndaten gibt, die dem Algorithmus Beispiele für den Weg von Input zu Output liefern. Lerndaten, bei denen nur der Input ohne zugehörigen Output Wert geliefert wird, werden auch Unlabeled Data genannt. Die Algorithmen betrachten diesen Input, erkennen selbstständig Gemeinsamkeiten und Gruppieren dann die Daten (Marshland, 2015).

Semi-Supervised Learning

Semi-Supervised Learning Algorithmen lernen aus einer Mischung von Unlabeled und Labeled Data. Ziel ist es einen mit Labeled Data trainierten Algorithmus mittels Unlabeled Data zu optimieren (Zhu, 2017).

Reinforcement Learning

Reinforcement Learning Algorithmen befinden sich zwischen den Supervised und den Unsupervised Learning Algorithmen. Beim Lernen bekommen sie lediglich Informationen darüber, ob und wie korrekt der Output einer Berechnung ist, jedoch nicht, wie das Ergebnis verbessert werden kann. Der Algorithmus muss deshalb nach dem Trial & Error Prinzip verschiedene Möglichkeiten testen um herauszufinden, welcher Ansatz am besten funktioniert (Marshland, 2015).

Evolutionary Learning

Evolutionary Learning Algorithmen nutzen das Prinzip der Evolution aus der Natur um den Algorithmus über mehrere Generationen zu optimieren. Dazu wird eine Vielzahl an Algorithmen in einem Pool gesammelt. Die gesammelten Algorithmen haben verschiedene Eigenschaften und Fähigkeiten zur Lösung von Problemen. Die Algorithmen werden in jeder Generation danach bewertet, wie fähig sie sind zur Problemlösung beizutragen. Diejenigen Algorithmen, die die höchste Bewertung erreicht haben, werden dann paarweise zu neuen Algorithmen verschmolzen. Die entstehenden Algorithmen besitzen jeweils 50% der Eigenschaften beider Elternteile. Dieser Vorgang wird solange wiederholt bis mindestens einer der Algorithmen das gegebene Problem lösen kann (Sammut, 2017).

2.2 Deep Learning in neuronalen Netzen

Neuronale Netze versuchen das Verhalten eines Gehirns zu imitieren. Die Idee nach diesem Vorbild Algorithmen zu entwickeln wurde bereits 1943 von McCulloch und Pitts, sowie Norbert Wiender und von Neumann aufgegriffen. 1958 wurde nach dem Vorbild der Theorie dieser Forscher der erste erfolgreich funktionierende Computer entwickelt (Yadav, Yadav, & Kumar, 2015). Die ersten Algorithmen, die das Prinzip des Deep Learning in neuronalen Netzen verwendeten, wurden 1965 von Ivakhnenko und Lapa gebaut. Obwohl die Algorithmen im Laufe der Jahre stetig weiterentwickelt wurden, konnte die Performance neuronaler Netze nicht mit anderen Machine Learning Ansätzen mithalten. Das änderte sich erst, als die verfügbare Rechenleistung über die Jahre mächtig genug wurde, um den aufwändigen Lernprozess der Netze zu unterstützen. Der Durchbruch gelang Deep Learning als

2011 und 2012 als Computer Hardware schnell genug war, um zum ersten Mal Deep Learning Algorithmen zu unterstützen, die ganz ohne so genanntes Pretraining auskommen. Pretraining heißt in diesem Zusammenhang, Teile des Netzes vor dem eigentlichen Training mit händisch berechneten Werten zu besetzen. Nach den ersten Erfolgen dieser neuen Herangehensweise wurden große Firmen wie Google, Facebook und Microsoft auf die Technologie aufmerksam und investierten stark in die Akquisition von Deep Learning Startups und Forschungsteams. Das hat dazu geführt, dass sich das Gebiet in den letzten Jahren schnell weiterentwickelt hat (Dettmers, 2015).

Neuronale Netze bestehen aus Knoten, so genannten Neuronen, und Verbindungen zwischen den Neuronen. Die Verbindungen zwischen den Neuronen besitzen eine Gewichtung. Die Knoten sind, wie in Abbildung 1 zu sehen ist, in drei verschiedene Schichten, dem Input-, Hidden- und Output-Layer, unterteilt. Beim Deep Learning besteht das Netz aus mehr als einem Hidden-Layer. Informationen werden in vertikaler Richtung vom Input-Layer zum Output-Layer weitergeleitet (Kruse et al., 2015).

Abbildung 1: Neuronales Netz

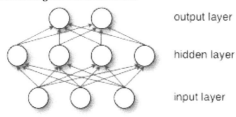

(Nicholson und Gibson 2017)

Neuronen arbeiten, indem sie erhaltene Informationen, unter Einbezug der Gewichtung der jeweiligen Ursprungsverbindung, nutzen, um eine Ausgabe zu berechnen. Diese Ausgabe wird dann über ausgehende Verbindungen an weitere Neuronen weitergeleitet. Zu bearbeitende Informationen werden an die Neuronen des Input-Layers gegeben und das Ergebnis von den Neuronen des Output-Layers entgegengenommen (Kruse et al., 2015).

Für das Training neuronaler Netze gibt es zwei verschiedene Typen von Lernaufgaben: die Feste und die Freie.

Die Feste funktioniert ähnlich wie beim Supervised Learning mit Lerndaten, die aus Input-Output-Paaren bestehen. Zu Beginn werden die Verbindungen des Netzes zufällig gewichtet. Nach einem Durchlauf des Netzes wird der generierte mit dem erwarteten Output aus den Lerndaten verglichen. Die Differenz der beiden Outputs wird dann dazu verwendet, die Gewichtung der Verbindungen so zu ändern, dass die Differenz minimiert wird (Kruse et al., 2015). Nachdem auf diese Weise eine große Zahl an Trainingsdaten verarbeitet wurde, ist das neuronale Netz näherungsweise in der Lage die Aufgabe für eine beliebige Eingabe zu lösen. Unabhängig von der Lernaufgabe gilt dabei, je mehr Lerndaten dem Algorithmus zur Verfügung stehen, desto genauer wird das Ergebnis (Brownlee, 2016).

Eine freie Lernaufgabe dagegen entspricht eher dem Unsupervised Learning. Hier werden dem Algorithmus lediglich verschiedene Eingaben zum Training gegeben. Das Ziel des Trainings ist es für ähnliche Eingaben ähnliche Ausgaben zu erhalten (Kruse et al., 2015).

Die Methode des Deep Learning hat in den letzten Jahren zu großen Fortschritten in Computer Vision, Sprachverarbeitung und vielen weiteren Anwendungen geführt (Jordan & Mitchell, 2015; LeCun, Bengio, & Hinton, 2015). Der Vorteil von Deep Learning ist dabei, dass, anders als bei anderen Methoden, kein Detailwissen über die zu bearbeitenden Daten für die Konfiguration des Algorithmus erforderlich ist. Deep Learning Algorithmen können mit rohen Daten arbeiten. Das bedeutet, dass der Programmierer Logarithmus und Daten nicht für jede Anwendung neu konfigurieren muss (LeCun et al., 2015). Ein weiterer Vorteil des Deep Learning ist, dass es große Mengen an Lerndaten effektiver nutzen kann als andere Machine Learning Ansätze, wie Abbildung 2 zeigt.

Abbildung 2: Why deep learning?

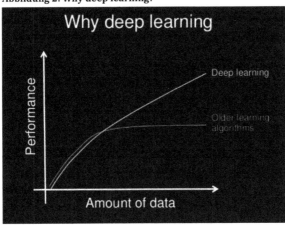

(Brownlee, 2016)

13

2.3 Hardware für Machine Learning

Generell wäre für Machine Learning keine spezielle Hardware erforderlich. Die Lernprozesse und fertigen Algorithmen könnten auf aktueller Standard Computer Hardware problemlos ausgeführt werden. Da Deep Learning Algorithmen jedoch in Training und Ausführung sehr rechenintensiv sind, reicht Standard Hardware nicht aus, um diese zeit- und recheneffizient zu nutzen (Freund, 2017c). Im Folgenden soll der aktuelle State of the Art der Hardwarekonfigurationen für Training und Ausführung von Deep Learning Algorithmen dargestellt werden. Danach wird auf aktuelle Entwicklungen auf dem Gebiet hingewiesen.

Hardware für das Training neuronaler Netze

Für das Training der Netze sind Grafikkarten, so genannte Graphic Processing Units (GPUs), am besten geeignet (Shaikh, 2017).

Normalerweise werden in einem Computer Prozessoren (CPUs) genutzt, um Berechnungen durchzuführen. Sie verfügen über eine geringe Anzahl an Rechenkernen (in der Regel bis zu acht), die optimiert wurden, jegliche Rechenschritte effizient und schnell durchzuführen. In den Rechenkernen findet die eigentliche Berechnung statt, wobei ein Kern zu einem bestimmten Zeitpunkt immer nur eine Aufgabe, bzw. Berechnung ausführen kann.

GPUs dagegen verfügen über mehr als 1000 einfachere Rechenkerne. Diese sind zwar für sich betrachtet nicht so schnell und mächtig wie die einer CPU, können aber durch ihre große Zahl mehr Berechnungen gleichzeitig durchführen.

Der in Kapitel 2.2 beschriebene Prozess des Lernens in einem neuronalen Netz besteht aus einer großen Zahl an Berechnungen, die auch gleichzeitig ausgeführt werden können. Für eine effiziente und schnelle Ausführung des Lernprozesses ist also eine große Zahl an Rechenkernen von Vorteil. Um diese Zahl an Rechenkernen zu erreichen ist es günstiger GPUs anstatt CPUs zu verwenden (Shaikh, 2017). Aktuell werden für das Training von neuronalen Netzen hauptsächlich GPUs eingesetzt.

Hardware für die Anwendung der Algorithmen

Für die Anwendung der ausgelernten Algorithmen reichen meist herkömmliche CPUs aus. Für komplexere Anwendungen, sowie Anwendungen mit Echtzeit Ansprüchen, wie autonomes Fahren, werden je nach Anwendung GPUs oder speziell für Machine Learning entworfene Chips (so genannte application-specific integrated circuit, kurz ASIC) verwendet (Freund, 2017c).

Zukunftsausblick

Aktuell arbeiten viele Firmen, unter anderem Google, Intel und AMD, an ASIC Chips, die für das Lernen und Anwenden von neuronalen Netzen optimiert sind. Diese sollen GPUs als Standard für den Lernprozess ablösen und die Anwendung der Algorithmen schneller und energieeffizienter machen (Freund, 2017c).

3 Key Player

Im folgenden Kapitel werden einige Key Player auf dem Gebiet des Machine Learning vorgestellt. Dazu wurden nach einer systematischen Literaturanalyse eine Auswahl über 6 Unternehmen und Organisationen getroffen, die einen Beitrag zur Disziplin des Machine Learning leisten.

Das Kapitel versucht die Kernaktivitäten der Organisationen auf dem Gebiet des Machine Learning zu identifizieren, herauszustellen und dafür relevante Beispiele zu liefern. Dabei wird auf Produkte und Forschung eingegangen.

3.1 Google

Laut Google CEO Sundar Pichai entwickelt sich das Unternehmen zurzeit in Richtung „AI-first". Machine Learning soll eine zentrale Rolle in allen Google-Plattformen spielen (Templeton, 2017). Seit 2010 hat Google mehr als 24 Machine Learning Firmen akquiriert, darunter acht für Computer Vision und sieben für Sprachverarbeitung (Burghin et al., 2017). Innerhalb der Google-Organisation finden sich heute viele Aspekte von Machine Learning. In Produkten, wie der Online Suche nutzt die Firma die Technologie, um ihre Serviceleistungen schneller und präziser zu machen. In der unternehmensinternen Forschungsabteilung Google Brain, sowie dem von Google gekauften Startup DeepMind werden nach neuen Lösungen und Ansätzen auf dem Gebiet geforscht. Mit TensorFlow und der Tensor Processing Unit (TPU) hat die Firma eine Softwarebibliothek und einen Prozessor auf den Markt gebracht, die auf Machine Learning ausgelegt sind.

Machine Learning in Google Produkten

Google RankBrain ist ein auf Machine Learning basierendes System, das von Google verwendet wird, um Suchergebnisse zu verarbeiten. Googles Suchalgorithmus, der alle Suchergebnisse sortiert heißt Humingbird. Dieser Algorithmus verarbeitet Signale anderer Algorithmen für seine Sortierfunktion. Eines dieser Signale kommt von RankBrain. Laut Google ist RankBrain das drittwichtigste Signal. Es nutzt Machine Learning um Seiten zu finden, die zur Suche passen, jedoch nicht mit dem exakten Wortlaut der Anfrage übereinstimmen (Sullivan, 2016).

In ihrem Cloud-Service bietet Google Machine Learning Techniken an. Dieses auf neuronalen Netzen basierende System lässt Kunden Algorithmen nutzen, die von Google trainiert wurden, und von Google Servern ausgeführt werden. Zudem erlaubt das System eigene Lerndaten zum Training eines Algorithmus zu nutzen (Google Inc., 2017a).

Im Email Service Gmail werden Mails durch einen Algorithmus nach ihrer Priorität sortiert. Da diese Prioritäten für jeden Nutzer individuell sind, lernt der Sortieralgorithmus für jeden Nutzer einzeln, für welche Nachrichten die Chance einer Interaktion am größten ist. Dies soll dem Kunden ermöglichen sofort auf die für ihn wichtigen Mails zuzugreifen (Aberdeen, Pacovsky, & Slater, 2010). Smart Reply ermöglicht es Nutzern von Gmail eine Antwort auf eine Mail zu generieren. Dabei analysiert der Algorithmus die ursprüngliche Nachricht Wort für Wort. Er versteht was der Absender ausdrücken will und generiert dementsprechend Antworten. Zudem lernt der Algorithmus aus den geschriebenen Nachriten des Nutzers und passt seine Antworten seinen Schreibgewohnheiten an. Der Nutzer kann aus drei vorgeschlagenen Antworten wählen (Strope & Kurzweil, 2017).

Mithilfe von Machine Learning konnte der Energieverbrauch des Kühlsystems in Google Datenzentren um 40% gesenkt werden. Dabei wurden neuronale Netze mit Sensordaten wie Temperaturen, Strom, Pumpengeschwindigkeiten, usw. trainiert. Die Netze generieren aus aktuellen und vorhergesagten zukünftigen Werten Empfehlungen für Maßnahmen, die den Energiebedarf des Kühlsystems verringern, ohne die Kühlleistung zu beeinträchtigen (Evans & Gao, 2016).

Zusätzlich zu diesen Beispielen nutzt Google Machine Learning in Produkten wie der Fotosuche, der Sprachsuche in der Google-App, und dem Übersetzer (Google Inc., 2017a).

Machine Learning Produkte von Google

TensorFlow ist eine Open-Source-Software Bibliothek. Open source ist laut Wikipedia (2017c) wie folgt definiert:

> „Als Open Source (aus englisch open source, wörtlich offene Quelle) wird Software bezeichnet, deren Quelltext öffentlich und von Dritten eingesehen, geändert und genutzt werden kann. Open-Source-Software kann meistens kostenlos genutzt werden." (Wikipedia)

Die Bibliothek wurde vom Google Brain Team entwickelt, um Forschung in Richtung Machine Learning und Deep Learning zu betreiben. Sie ist allgemein genug, um auch für viele weitere Anwendungen genutzt zu werden. Google stellt diese Technologie kostenlos zur Verfügung. (Google Inc., 2017b).

Google nutzt eigens entwickelte TPUs, um ihre Machine Learning Anwendungen auszuführen (vgl. Kapitel 2.3 Hardware). Im Mai 2017 stellte Google die zweite Generation dieser Prozessoren vor, die sowohl für Ausführen von neuronalen Netzen, als auch für deren Training optimiert wurden. Diese werden unter dem Namen Cloud TPUs vermarktet. Sie sind dafür ausgelegt im Verbund von mehreren dieser Prozessoren zu arbeiten. Google wird sie in ihrem Cloud-Dienst nutzen, damit Kunden über eine Internetverbindung auf die Rechenleistung der Google Prozessoren zugreifen können, um sie für Machine Learning Anwendungen zu nutzen (Dean & Hölzle, 2017).

Google stellt der Forschung einen Verbund von 1000 Cloud TPUs kostenlos zur Verfügung, die über das Internet genutzt werden können. Forscher können sich für einen Zugang zu der Rechenleistung bewerben. Als Gegenleistung erwartet Google von den Teilnehmern, dass sie ihre Ergebnisse der Öffentlichkeit zur Verfügung stellen und Google Feedback geben, um ihr System weiter verbessern zu können (Google Inc., 2017b).

Forschung bei Google

Google forscht sowohl mit hauseigenen Forschungsteams, wie Google Brain, als auch in akquirierten Startups, wie DeepMind. Intern hat Google über 800 Publikationen im Bereich der Maschinellen Intelligenz veröffentlicht (Google Inc., 2017c). Alle Machine Learning Ansätze, die Innerhalb der Firma zum Einsatz kommen, werden von diesen Teams entwickelt (Aberdeen et al., 2010; Deepmind, 2017b; Evans & Gao, 2016; Google Inc., 2017b, Google Inc., 2017c).

Das Langzeitziel von DeepMind ist es eine allgemeine künstliche Intelligenz zu entwickeln. Unter einer allgemeinen künstlichen Intelligenz versteht man eine künstliche Intelligenz, die alle intelligenten Aufgaben lösen kann, die auch ein Mensch lösen könnte (Wikipedia, 2017a). Unter den Forschungsprojekten im Gebiet der AI, bzw. des Machine Learning finden sich Anwendungen in (Video-)Spielen (vgl. Kapitel 4.7), der Medizin und dem Energiemanagement von Datencentern. DeepMind teilt all ihre Erkenntnisse mit der Öffentlichkeit und hat bereits über 170 Forschungsergebnisse veröffentlicht (Deepmind, 2017b).

3.2 IBM

IBM bietet eine Reihe an Machine Learning Lösungen an, die sich auf den Business-to-Business Markt konzentrieren. Die Machine Learning Technologien der Firma werden unter dem Namen Watson angeboten. IBM hat angegeben 3 Mrd. $ in die Watson Technologie zu investieren (Burghin et al., 2017). Die Stärke des Watson Systems ist die Sprachverarbeitung. In vielen Anwendungen wird diese genutzt um Informationen aus Texten zu extrahieren, oder mit Nutzern verbal zu kommunizieren. Der Fokus liegt hierbei auf der Medizin, die zwei Drittel der Watson Anwendungen ausmacht. Die Benötigten Berechnungen für die Vorgänge können über eine Internetverbindung auf IBM Server ausgelagert werden (Lohr, 2016).

Watson in der Medizin

Laut Freedman hat IBM in der Medizin einen Vorteil gegenüber der Konkurrenz. Die Firma ist erfolgreich darin, das Vertrauen von Führungskräften und IT-Managern großer Unternehmen zu erlangen. Das ermöglicht ihnen Zugriff auf die Daten, die sie brauchen um ihr System zu trainieren. (für eine detailliertere Dartstellung der Situation in der Medizin vgl. Kapitel 4.1 Medizin) Um an Patientendaten für das Training zu gelangen hat IBM Firmen wie Truven Health Analytics, Explorys und Pythel gekauft, die Zugang zu solchen Daten haben. Zudem pflegt die Firma Kontakte, um an weitere Daten dieser Art heranzukommen (Freedman, 2017).

Watson wurde für den Einsatz in der Forschung konfiguriert. Dabei kann das System medizinische Literatur, Patente, Genomik, sowie chemische und pharmakologische Daten lesen. Dadurch ist es in der Lage eine große Zahl an Texten zu verstehen und die Informationen so zu verknüpfen, dass es daraus neue Schlüsse ziehen kann. In Pilotprojekten konnte diese Technik bereits erfolgreich für die Medikamentenforschung eingesetzt werden (Chen, Elenee Argentinis, & Weber, 2016).

Das System wird in Krankenhäusern als Ansprechpartner für Patienten genutzt (vgl. Kapitel 4.1 Medizin).

Watson wird genutzt, um den genetischen Code aus Krebsgewebeproben zu analysieren. Es wird nach genetischen Mutationen gesucht, die es den Ärzten ermöglicht eine Behandlung gegen den Krebs zu finden (IBM, 2017).

Beispiele aus anderen Anwendungsfeldern

Watson wird in Macy's Kaufhäusern verwendet. Die Technologie kommt in einer App zum Einsatz, die Kundenfragen beantworten kann. Die App ist in der Lage Informationen, wie die Lokation von bestimmten Produkten, Abteilungen und Marken, oder welche Dienstleistungen oder Einrichtungen in einer bestimmten Einrichtung zur Verfügung stehen, zur Verfügung zu stellen. Zusätzlich wird die Übersetzungsfähigkeit von Watson genutzt, um auch in Spanisch zu funktionieren. Der Algorithmus soll von Kundeninteraktionen lernen um noch besser zu werden (Arthur, 2016).

Watson wird in autonom fahrenden Bussen eingesetzt. Die Sprachverarbeitung von Watson wird dazu verwendet, um Fahrgästen Fragen zu beantworten, und Befehle für Ziele und Wegfindung entgegen zu nehmen (IBM, 2016b).

IBM nutzt seine Plattform im Feld der Cybersicherheit. Durch die Analyse verschiedenster Datenquellen, die von traditionellen Tools nicht genutzt werden können, kann das System neue Bedrohungen erkennen und Gegenmaßnahmen vorschlagen. Diese Datenquellen setzen sich aus Blogs und anderen natürlich sprachlichen Informationsquellen zusammen, die mithilfe der Watson Sprachverarbeitung analysiert und verknüpft werden können. Dadurch kann ein Überblick über neue Erkenntnisse, Sicherheitslücken und Malware geschaffen werden (IBM, 2016a). Zudem analysiert das System sicherheitskritische Ereignisse in Netzwerken der Kunden, um Angriffe zu identifizieren und zu stoppen (Konrad, 2017).

3.3 Nvidia

Nvidia ist der Marktführer für GPUs für Machine Learning Anwendungen (Freund, 2017a; Gershgorn, 2017). Ihre GPUs werden für Deep Learning bei Amazon, Google, IBM, Microsoft, Baidu und anderen eingesetzt (Freund, 2017b; Nvidia, 2017).

Nvidia bietet GPUs für verschiedene Deep Learning Anwendungsgebiete an. Für Datenzentren wird das Nvidia DGX System angeboten. Die DGX-1 GPUs werden in großer Stückzahl in Datenzentren eingesetzt, um das Training von neuronalen Netzen durchzuführen (Einsatz von GPUs für neuronale Netze vgl. Kapitel 2.3 Hardware). Ihr Nvidia Drive PX System ist für autonomes Fahren ausgelegt. Diese Chips verarbeiten Signale der Autosensoren, erstellen ein 360° Bild der Umgebung und steuern das Auto auf der Straße (Für mehr Details über Machine Learning im Autonomen Fahren vgl. Kapitel 4.5 Autonomes Fahren). Diese Chips werden von den Firmen Toyota, Audi, Tesla, Mercedes-Benz, Volvo, Baidu, Bosch, ZF, Honda, BMW und Luxgen eingesetzt. Nvidia Jetson wird in Geräten und Robotern eingesetzt. Dazu zählen Drohnen, Roboter, Smart Factories und intelligente Videoanalyse in Überwachungskameras (Nvidia, 2017).

3.4 Microsoft

Ein erklärtes Ziel von Microsoft ist es, die Zusammenarbeit von Mensch und Maschine zu erleichtern. Es sollen Wege gefunden werden, wie AI Lücken in der menschlichen Intelligenz schließen kann (Condliffe, 2017). Die Firma gliedert ihre

AI-Produkte und Services in die 4 Kategorien AI Plattform, Business Lösungen, intelligente Apps und digitaler Assistent (Microsoft, 2017d).

AI Plattform

AI Plattform ist eine Sammlung von Tools, die für Entwickler zur Verfügung stehen. Die Tools sind in die Kategorien Kognitive Services, Bot-Plattform und Deep Learning unterteilt.

Bei den Kognitiven Services finden sich Tools für Bildanalyse, Spracheingabe, Sprache, Einblicke und Wissen und Search. Mit den Bildanalysetools lassen sich unter anderem Menschen auf Bildern identifizieren und ihre Emotionen analysieren. Die Emotionen werden durch Übereinstimmungsgrade angegeben. Der Algorithmus kann zwischen den Emotionen Wut, Verachtung, Ekel, Angst, Freude, Neutral, Trauer und Überraschung unterscheiden. Mittels der Spracheingabe können Spracheingaben zur Steuerung von Applikationen und für die Identifizierung des Anwenders genutzt werden. Für „Sprache" werden Tools bereit gestellt mit denen sich Sprache und Schlüsselbegriffe von Texten bestimmen, Texte übersetzen und die Rechtschreibung von Text prüfen lassen. „Einblicke und Wissen" beinhaltet Tools mit denen unter anderem Empfehlungen für Kunden bestimmt werden können. Search bietet Tools mit denen Bing-Suchfunktionen für Text, Bilder, News und Web in Applikationen integriert werden können.

Die Bot-Plattform gibt Entwicklern die Möglichkeit benutzerdefinierte Sprach-Bots für Applikationen zu nutzen. Diese Bots können genutzt werden, um mit einer Liste anderer Dienste zu interagieren. Zusätzlich können Fähigkeiten für den Microsoft-Bot Cortana erstellt werden (Details zu Microsoft Cortana im Unterpunkt „Digitaler Assistent"). Dadurch können Nutzer durch Cortana mit der eigenen Software interagieren.

Deep Learning beinhaltet ein kostenloses Open-Source-Toolkit, mit dem sich neuronale Netze trainieren und ausführen lassen. Zudem bietet Microsoft Server zur Miete an, auf denen diese neuronalen Netze trainiert und ausgeführt werden können (Microsoft, 2017c).

Business Lösungen

Für Unternehmen bietet Microsoft die Cloud Plattform Azure an. Azure bietet die Möglichkeit verschiedene Dienste, Anwendungen und Datenbanken zu nutzen, die vom Kunden für seine Anwendungen angepasst werden. Berechnungen und Datenspeicher werden auf Microsoft Server ausgelagert. Der Kunde kann über eine Internetverbindung auf die Services zugreifen. Innerhalb des Systems werden auch Funktionalitäten angeboten, die Machine Learning nutzen (Microsoft, 2017e).

Intelligente Apps

Microsoft setzt Machine Learning Methoden ein, um in Anwendungen Funktionalitäten zu verbessen oder neu hinzuzufügen. In Word wird die Technologie für Verbesserungsvorschläge für Rechtschreibung und Grammatik eingesetzt. Diese Funktion lernt mit der Zeit die Schreibgewohnheiten jedes einzelnen Kunden und passt die Vorschläge dementsprechend an. PowerPoint setzt Bilderkennung für die Analyse von Folien ein und generiert daraus passende Layout-Vorschläge (Microsoft, 2017b).

Digitaler Assistent

Microsofts digitaler Assistent genannt Cortana ist ein Programm, dass es dem Nutzer erlaubt per Spracheingabe mit einem Endgerät wie einem Computer oder Mobiltelefon zu interagieren. Cortana kann Fragen beantworten, an Termine erinnern und Befehle ausführen. Das System lernt aus Nutzerinteraktionen und passt sein Verhalten dynamisch an. Diese Anpassung und die Sprachfunktion basieren auf Machine Learning Algorithmen. Drittanbieter haben die Möglichkeit Funktionen für ihre eigenen Programme und Apps in Cortana zu integrieren. Dadurch können Nutzer neben Microsoft Produkten auch auf andere Software mithilfe der Sprachsteuerung zugreifen (Microsoft, 2017a).

3.5 Amazon

Amazon setzt Machine Learning im Online-Einzelhandel, in dem Sprachassistenten Alexa und in ihren Webservices ein (Cool Videos, 2017; Todd Bishop, 2017).

Online-Einzelhandel

Zu dem Einsatz von Machine Learning im Amazon Online-Shop konnten bei der Recherche keine detaillierten Informationen gefunden werden. Der Amazon CEO Jeff Bezos erklärte 2017 in zwei Interviews, dass Machine Learning bei Amazon im Webshop unter anderem für verbesserte Suchergebnisse, Produktvorschläge,

Vorhersagen für das Inventurmanagement und in den Drohnen des Amazon Prime Air Projektes genutzt werden (Cool Videos, 2017; Todd Bishop, 2017). Amazon Prime Air Drohnen sollen in Zukunft Pakete ausliefern. Die Drohnen fliegen vollautomatisch (Amazon, 2017d).

Sprachassistent Alexa

Alexa ist ein Sprachassistent, ähnlich wie Microsoft Cortana (vgl. Kapitel 3.4 Microsoft). Das System basiert auf Machine Learning Technologien wie neuralen Netzen. Es wird in Amazon Echo Produkten, dem Amazon Fire TV und Produkten von Drittanbietern verwendet (Amazon, 2017a). Amazon Echo Produkte bestehen aus Lautsprecher, Mikrofon. Eine Version verfügt zudem über einen Bildschirm (Amazon, 2017c). Amazon Fire TV ist ein Gerät, das an den Fernseher angeschlossen wird und Applikationen ausführt (Amazon, 2017e). Alexa wird über Sprachbefehle gesteuert. Alexa kann Auskünfte wie Wetter und Nachrichten geben, Musik, Audiobücher und Musik abspielen, Wörterbuch und Wikipedia Einträge vorlesen, Timer und Wecker Funktionen ausführen, und vieles mehr. Drittanbieter können Alexa in ihre Produkte integrieren, um die Sprachfunktionen zu nutzen. Es ist Drittanbietern möglich Funktionen zu Alexa hinzuzufügen. Damit kann der Sprachassistent mit neuen Programmen und Produkten interagieren (Amazon, 2017b).

Amazon Web Services

Amazon Web Services (AWS) ist eine Plattform für Cloud-Services. AWS stellt Rechenleistung, Datenbankenspeicher, Inhalte und Funktionen auf Amazon Servern zur Verfügung. Diese können von Kunden über das Internet abgerufen werden (Amazon, 2017f). AWS bietet auch Machine Learning Funktionen. Machine Learning Modelle wie neuronale Netze können auf Amazon Servern trainiert und ausgeführt werden (Amazon Web Services, 2017b). Es können auf Machine Learning basierende Funktionen wie Spracherkennung, Bilderkennung und Sprachgenerierung aus Text genutzt werden (Amazon Web Services, 2017a).

3.6 OpenAI

OpenAI ist eine Nonprofit-Organisation, die Forschung in Richtung AI und Machine Learning betreibt. Das Langzeitziel der Forschung ist eine allgemeine künstliche Intelligenz zu entwickeln und sicher zu stellen, dass diese so vielen Menschen wie möglich einen Nutzen bringt (OpenAI, 2017a). Die Organisation veröffentlicht alle Forschungsergebnisse und stellt alle Patente lizenzgebührenfrei zur Verfügung. Dieses Vorgehen soll verhindern, dass große Technologieunternehmen und

Regierungen Monopole auf Machine Learning Technologien aufbauen können (Levy, 2015). Einer der CEOs Elon Musk dazu:

> „I think the best defense against the misuse of AI is to empower as many people as possible to have AI. If everyone has AI powers, then there's not any one person or a small set of individuals who can have AI superpower." (Levy, 2015)

OpenAI wird von Einzelpersonen und Unternehmen wie Sam Altman, Elon Musk, Reid Hoffman, Y Research, Microsoft und AWS unterstützt (OpenAI, 2017a). Das Unternehmen hat seit Ende März 2016 bereits 35 Veröffentlichungen getätigt (OpenAI, 2017d). Es hat 45 Tools und andere Software auf Github veröffentlicht (OpenAI, 2017c). Darunter auch das OpenAI Gym.

OpenAI Gym ist ein Tool, mit dem Reinforcement Learning Algorithmen entwickelt und verglichen werden können. Es besteht aus Umgebungen wie simulierten Robotern und Atari Videospielen und einer Seite, auf der Ergebnisse vergleichen und reproduziert werden können. Die Umgebungen bilden Szenarien mit bestimmen Daten ab, die mithilfe von Machine Learning Algorithmen manipuliert werden können. Das Ziel ist es, eine einheitliche Plattform zu schaffen, die es Forschern ermöglicht Ergebnisse zu vergleichen und in Veröffentlichungen verwendete Umgebungen zu standardisieren. Dies wird mit der Sammlung der Umgebungen erreicht. Diese können mit einer Vielzahl von Ansätzen bearbeitet werden, sodass Experimente mit verschiedenen Machine Learning Algorithmen auf den selben Daten durchgeführt werden können (Brockman & Schulman, 2016).

4 Anwendungsgebiete

In der Literatur finden sich zahlreiche Anwendungsgebiete, in denen Machine Learning bereits erste Veränderungen und Fortschritte gebracht hat, oder in denen es Potentiale für einen Einsatz gibt. Das folgende Kapitel stellt eine Auswahl der wichtigsten Anwendungsgebiete vor. Innerhalb der Anwendungsgebiete wird auf aktuelle und potentielle Anwendungen der Technologie, sowie den dadurch geschaffenen Mehrwert eingegangen. Darüber hinaus werden Herausforderungen für einen uneingeschränkten Einsatz dargestellt.

4.1 Medizin

In der Medizin hat Machine Learning das Potential weitreichende Veränderungen in vielen Bereichen zu bringen. Aus großen Mengen von Patientenakten, medizinischen Bildern, epidemiologischen Statistiken und anderen Daten können Algorithmen Schlussfolgerungen ziehen und Muster erkennen. Damit entstehen Potentiale sowohl bei Behandlung und Diagnose, als auch beim Umgang mit Patienten und dem Bereitstellen von Wissen für Mediziner (Burghin et al., 2017, pp. 58–64). Das McKinsey Global Institute schätzt die potentiellen Ersparnisse durch AI Implementierung auf jährliche 300 Mrd. $ in den USA und 3,3 Mrd. £ in Großbritannien (Burghin et al., 2017, pp. 58–64).

Potentiale bei der Behandlung und Diagnose

Machine Learning Methoden bringen viele Vorteile gegenüber manuellem Vorgehen, insbesondere durch die Möglichkeit Daten von Millionen Patienten miteinander zu vergleichen um Diagnosen und Behandlungsmöglichkeiten zu berechnen (Burghin et al., 2017, pp. 58–64; The Medical Futurist, 2017).

Bilderkennungssoftware erkennt auf Röntgenaufnahmen und Magnetresonanztomographie (MRT) Bildern deutlich mehr Details als das Menschliche Auge, da die Bilder pixelgenau analysiert werden können. Zusätzlich können die Aufnahmen mit einem Algorithmus ausgewertet werden, der aus Millionen von Bildern gelernt hat. Das macht die Entscheidungsgenauigkeit der Algorithmen deutlich größer als die eines manuell arbeitenden Arztes (Burghin et al., 2017, pp. 58–64; Savage, 2012).

In der onkologischen Diagnostik und Therapie beispielsweise werden nur geschätzte 20% der verfügbaren Studienergebnisse von Ärzten genutzt (Burghin et al., 2017, pp. 58–64). Machine Learning dagegen kann bis zu 100% der verfügbaren Ergebnisse in seine Entscheidungen einbeziehen und in Sekunden eine korrekte Diagnose und Behandlung finden (Burghin et al., 2017, pp. 58–64; Savage, 2012).

Hierbei können auch genetische Besonderheiten eines Patienten mit in die Entscheidung einbezogen werden (Savage, 2012; The Medical Futurist, 2017).

Die Behandlungen selbst können durch Algorithmen mithilfe einer Vielzahl von Parametern für jeden Patienten maßgeschneidert werden (Burghin et al., 2017; The Medical Futurist, 2017). Die Algorithmen können Symptome einer Krankheit und Kenntnis über genetische Risikofaktoren nutzen, um Medikamentendosierungen und Behandlungsanpassungen zu bestimmen (Bzdok & Meyer-Lindenberg, 2017).

Zusätzlich zu Diagnose und Behandlung kann Machine Learning dazu eingesetzt werden, Vorhersagen zu treffen. Indem eine Vielzahl von Faktoren mit ähnlichen Fällen verglichen werden, können Ereignisse wie Herzinfarkte, das Ausbreiten einer Infektion, oder sogar häusliche Gewalt vorhergesagt werden. So haben Ärzten die Möglichkeit entsprechende Vorkehrungen zu treffen, um das Risiko für das Eintreten der Ereignisse zu minimieren (Savage, 2012).

Potentiale außerhalb der Behandlung

Außerhalb der Behandlung der Patienten kann AI zur Erhöhung der Kapazitäten von Krankenhäusern eingesetzt werden, indem Geschäftsprozesse automatisiert werden. Virtuelle Agenten können routinemäßige Interaktionen mit Patienten automatisieren. So können die Agenten beispielsweise Termine vereinbaren und Patienten beim Betreten des Krankenhauses registrieren. Das McKinsey Global Institute geht davon aus, dass der Einsatz von AI die Personalkosten in Krankenhäusern um die Hälfte senken, und gleichzeitig die Wartezeit von Patienten verringern könnte (Burghin et al., 2017, pp. 58–64).

Des Weiteren können Sprachverarbeitungstools genutzt werden, um Journals, Artikel und allgemein wissenschaftliche Dokumente zu analysieren und deren Inhalt für schnellen Zugriff durch Mediziner aufzubereiten. Auf diesem Weg gelangen neue Erkenntnisse schneller zu behandelnden Ärzten (Burghin et al., 2017, pp. 58–64).

Herausforderungen für den Einsatz von AI in der Medizin

Trotz der großen Potentiale ist der Einsatz von Machine Learning Techniken in der Praxis heute nicht weit verbreitet.

Ein Grund dafür ist die langsame Digitalisierung der Branche. Viele Krankenhäuser und Ärzte setzen weiterhin auf manuelle Krankenakten und Terminorganisation. Für eine effiziente Integration von Machine Learning müssten Gesundheitsdienstleister ihre Praxisabläufe verändern und in Rechenleistung und technisches Know-how investieren (Burghin et al., 2017, pp. 58–64).

Eine weitere Herausforderung ist die Verfügbarkeit von Krankenakten und Patientendaten. Diese sind essentiell um als Lerndaten die Machine Learning Algorithmen zu trainieren. Sie sind jedoch oft sehr unordentlich und schwer mit anderen Daten zu verbinden. Denn wenn jemand außerhalb eines Krankenhauses oder in einem Krankenhaus außerhalb des eigenen Gesundheitssystems stirbt, wird die Information nicht in die Krankenakte aufgenommen. Informationen müssten also Innerhalb des Gesundheitssystem, insbesondere auch zwischen verschiedenen Akteuren wie Krankenkassen, Krankenhäusern und Ärzten vervollständigt und zusammengetragen werden (Mukherjee, 2017; Tedeschi, 2016). Auch die Rechtslage ist schwierig, da anonymisierte Patientendaten für das Training der Algorithmen nicht ohne weiteres zur Verfügung gestellt werden dürfen (Burghin et al., 2017, pp. 58–64).

Beispiele für den Einsatz von Machine Learning in der Medizin

Forscher der Florida State Universität haben 2017 einen Machine Learning genutzt Selbstmorde vorherzusagen. Dazu wurde der Algorithmus mit ca. 2 Millionen Krankenakten aus Tennessee trainiert. Der resultierende Algorithmus konnte Selbstmordversuche mit einer Genauigkeit von 80% 2 Jahre vor Eintreten vorhersagen (Heller, 2017).

Ebenfalls 2017 trainierten Forscher an der Universität von Nottingham ein neurales Netz mit ca. 300.000 Krankenakten, um Herzinfarkte vorherzusagen. Der Algorithmus nutzte Krankenakten aus dem Jahr 2005, um vorherzusagen, welche Patienten in den nächsten 10 Jahren Herzprobleme haben werden. Das Ergebnis der Berechnung wurde dann mit Daten aus dem Jahr 2015 verglichen. Der Algorithmus erzielte eine Genauigkeit von 76%. Die manuelle Methode hatte eine Genauigkeit von 73% (Hutson, 2017).

Google hat 2017 ein neuronales Netz entwickelt, das mikroskopische Bilder von Brustgewebe eines Krebskranken analysiert und auf Krebsgeschwüre untersucht. Der Algorithmus kann herausfinden, ob das Brustkrebsgeschwür in dem Bild Metastasen gebildet hat. Dabei findet er Metastasen zu 92,4%. Manuelle Untersuchungen durch einen Spezialisten haben hingegen nur eine Erfolgsquote von 73,2% (Liu et al., 2017).

Arterys, eine Cloud basierende medizinische Bildverarbeitungssoftware wurde Anfang 2017 als erste Technologie, die auf Cloud und Deep Learning Technologien basiert für den medizinischen Gebrauch durch die amerikanische Food and Drug Administration freigegeben. Arterys Cardio DL ist eine Software, die MRT Aufnahmen von Herzkammern analysiert (Arterys, 2017).

Seit Oktober 2016 wird IBMs AI System Watson in der Thomas Jefferson Universitätsklinik genutzt. Das auf Spracherkennung basierende System ist in den Krankenzimmern installiert. Dort beantwortet es Fragen für Patienten und Besucher und steuert Geräte in den Krankenzimmern wie Licht, Fernseher oder elektrische Rollläden. Ziel ist es, das Krankenhauspersonal zu entlasten und den Patienten das Gefühl der permanenten Betreuung zu geben (Clark, 2016).

4.2 Finanzwesen

In Finanzmärkten steht der Wettstreit von Einzelpersonen und Firmen im Mittelpunkt des Tagesgeschäftes. Im Aktienhandel beispielsweise versuchen Investoren besser als der Rest des Marktes zu agieren, um mehr Profit als andere zu machen. Für den Erfolg am Markt ist es wichtig, neue Algorithmen und Techniken einzusetzen, um sich einen Vorteil zu verschaffen (Martinez-Jaramillo et al., 2017). Machine Learning Ansätze sind für dieses Gebiet geeignet, da die dynamische Natur von Finanzmärkten es nötig macht eine große Menge möglichst aktueller Daten in Kalkulationen einzubeziehen. Machine Learning besitzt genau diese Fähigkeit (Patwardhan, Katdare, & Joshi, 2016). Das McKinsey Global Institute geht davon aus, dass das Bankenwesen eines der Vorreiter im Einsatz von Machine Learning Technologien sein wird. Das Bankenwesen ist in der Digitalisierung bereits weit Fortgeschritten. Schon lange werden hier große Mengen an Daten gesammelt und für den Betrieb genutzt. Diese Digitalisierung macht den Einsatz von Machine Learning leichter, da die benötigten Lerndaten zu großen Teilen bereits vorhanden sind (Burghin et al., 2017).

Aktuelle Anwendungen

Laut Patwardhan et al. (2016) sind die drei wichtigsten Anwendungsfelder für AI im Finanzwesen Portfolio Management, Vorhersagen für Aktienmärkte und Risiko Management. Diese sind von besonderer Wichtigkeit, da Investment ein zentraler Teil des Finanzmanagements ist.

Ziel des Portfolio-Managements ist es eine optimale Mischung von Vermögenswerten zu finden, sodass der Profit maximal und das Risiko minimal wird (Martinez-Jaramillo et al., 2017). Das kann entweder ein Portfolio des Finanzdienstleisters selbst oder das eines Kunden sein. Wenn es sich um ein Kundenportfolio handelt gibt der Kunde seine finanziellen Ziele, Risikobereitschaft und Informationen wie Alter, Einkommen und aktuelle Vermögenswerte an. Der Algorithmus berechnet daraufhin ein Portfolio mit verschiedenen Vermögenswerten, das maßgeschneidert auf die Bedürfnisse des Kunden ist (Fagella, 2016).

Vorhersagen für Aktienmärkte helfen Anlegern bei der Entscheidung wo und wann sie investieren sollten. Die Volatilität der Aktienmärkte macht es schwierig Modelle für Vorhersagen zu entwerfen. neuronale Netze und andere Machine Learning Ansätze schaffen es, die großen Datenmengen der Märkte zu verarbeiten, daraus Vorhersagen zu treffen und diese durch aktuelle Informationen stets auf dem neusten Stand zu halten (Patwardhan et al., 2016). Diese Technologien können neben Aktienkursen auch für die Vorhersage weiterer Größen der Finanzwelt genutzt werden. So können Zinssätze, die Geldpolitik von Regierungen, Inflation, GDP, Bruttosozialprodukt (GNP) und Arbeitslosenzahlen teilweise Jahre vorher vorhergesagt werden (Hi'ovská & Koncz, 2012).

Im Risikomanagement sollen Risiken von Investitionen erkannt und minimiert werden. Der Fokus liegt auf Markt- und Kreditrisiken (Patwardhan et al., 2016). Zwei Standard Ansätze für Kreditrisiken sind das Kredit-Rating und das Kredit-Scoring. Kredit-Rating ist eine Einschätzung der Kreditwürdigkeit eines Unternehmens und wird im Allgemeinen durch einen ordinalen Wert ausgedrückt. Kredit-Scoring ist eine Technik, das potentielle Risiko beim Verleih von Geld an einen Konsumenten auszudrücken. Sie wird an einem Wahrscheinlichkeitsmaß gemessen. Die beiden Ratings werden über Informationen wie die finanzielle Historie, aktuelle Vermögenswerte und Verbindlichkeiten gemessen. Sie werden dazu verwendet die Wahrscheinlichkeit eines Zahlungsverzugs für einen Kredit zu berechnen. Machine Learning Techniken werden eingesetzt um die Genauigkeit dieser Vorhersagen zu verbessern (Martinez-Jaramillo et al., 2017). Auch Konkurse lassen sich mit Maschine Learning vorhersagen. Neben den händischen Methoden sind hierfür neuronale Netze zu einem Standard-Tool geworden (Martinez-Jaramillo et al., 2017).

Auch außerhalb dieser drei Anwendungsfelder findet Machine Learning Anwendung im Finanzwesen (Culp, 2017; Dunis, Middleton, Theofilatos, & Karathanasopolous, 2016; Fagella, 2016; Martinez-Jaramillo et al., 2017). Beim algorithmischen und automatischen Handel werden Handelsvorgänge durch Algorithmen automatisiert. Diese sind in der Lage schnell Entscheidungen zu treffen und so hunderte bis tausende Transaktionen am Tag durchzuführen (Fagella, 2016). Die meisten Hedgefonds und Finanzinstitute legen ihre AI Ansätze nicht offen dar, Fagella

(2016) geht aber davon aus, dass Machine Learning eine immer größer werdende Rolle darin spielt, Handelsentscheidungen in Echtzeit zu berechnen.

Mögliche zukünftige Anwendungen

In Zukunft könnten für viele weitere Anwendungen im Finanzwesen Machine Learning Technologien eingesetzt werden. Banken müssen große Datenmengen verarbeiten, um Finanzberichte zu erstellen und Regularien und Compliance-Anforderungen gerecht zu werden. Diese Vorgänge sind zu einem großen Teil standardisiert, werden aber immer noch händisch bearbeitet. Ein großer Teil dieser Arbeit könnte automatisiert werden (Culp, 2017). Culp (2017) geht davon aus, dass AI innerhalb der nächsten Jahre für zentrale Funktionen im Bankenwesen eingesetzt werden wird. Diese Funktionen sind Intercompany-Abstimmungen, Quartalsabschlüsse und Finanzberichte. Zusätzlich sieht er Potential für strategische Funktionen wie Finanzanalysen, Vermögensallokation und Vorhersagen. Dabei ermöglicht es die Schnelligkeit und Genauigkeit von AI Finanzen in Echtzeit zu managen und schneller zu reagieren, als es heute mit Quartals- oder Jahresberichten möglich ist (Culp, 2017). Im Kundenservice können Chatbots einen Mitarbeiter am Telefon ersetzen und den Kunden finanziell beraten. Für Sicherheitssysteme könnten bald Gesichts- und Spracherkennung, sowie andere biometrische Daten zur Authentifizierung genutzt werden. Eine Analyse der Stimmung der Bevölkerung mithilfe sozialer Netzwerke könnte zusammen mit einer Analyse von Nachrichtenmeldungen dazu genutzt werden, um Entwicklungen am Aktienmarkt noch genauer vorherzusagen (Fagella, 2016).

4.3 Marketing

Der Begriff des Marketings wird vom Gabler Wirtschaftslexikon (2017) folgendermaßen definiert:

> „(...) Darüber hinaus ist Marketing eine unternehmerische Aufgabe, zu deren wichtigsten Herausforderungen das Erkennen von Marktveränderungen und Bedürfnisverschiebungen gehört, um rechtzeitig Wettbewerbsvorteile aufzubauen."

Machine Learning wird im Marketing dazu verwendet den Zustand des Marktes und die Bedürfnisse des Kunden zu erkennen und daraus Marketingmaßnahmen abzuleiten. Der Fokus liegt laut Literatur auf der Personalisierung von Marketingmaßnahmen.

Produktempfehlungen werden mit Informationen über Kunden wie Kaufhistorie, Alter, Geschlecht, Internetaktivitäten und vielen mehr für jeden Kunden Maßgeschneidert (Burghin et al., 2017; Faggella, 2016; Meyer, 2017)

Intelligente Produktplatzierung passt sich dem Kunden an und achtet auf die Umgebung eines Werbeplatzes. Um das Image einer Marke nicht zu gefährden werden auch die Orte der Werbung gezielt ausgewählt. So wird verhindert, dass die eigene Marke neben unseriösen oder extremistischen Inhalten gezeigt wird. Auf diesem Weg wird das Targeting sicherer und effizienter (Meyer, 2017).

Preise können mit der Hilfe von Machine Learning dynamisch angepasst werden. Sie werden an den Bedarf des Marktes und die Zahlungsbereitschaft des Kunden angepasst. Preise für Flüge, Hotelzimmer und andere kurzlebige Angebote werden bereits seit einiger Zeit dynamisch angepasst. Durch Machine Learning wird es möglich sein diese Technik auch für den Rest des Marktes einzusetzen. Bei der Preispolitik ist eine zentrale Frage, wieviel der Kunde bereit ist zu zahlen. Viele Kunden vergleichen heutzutage Preise vieler Anbieter, um den günstigsten Preis zu finden. Das ist auch im Einzelhandel der Fall. Der optimale Preis hängt von einer Vielzahl von Faktoren, wie dem Wochentag, der Jahreszeit, dem Wetter, dem Vertriebskanal, und den Preisen der Konkurrenz ab. Der richtige Preis zur richtigen Zeit erhöht die Kundenzufriedenheit und führt zu mehr Verkäufen und Gewinn (Burghin et al., 2017).

Durch Machine Learning können Kontakte mit Kunden vorhergesagt werden. Damit lassen sich Transportwege und Verfügbarkeiten optimieren. Zudem gibt es Firmen die Möglichkeit, die Kundenerfahrung weiter zu personalisieren und Angebote und Dienstleistungen schon vor dem Handeln des Kunden zur Verfügung zu stellen (Conick, 2017; Meyer, 2017).

Die Inhalte der Werbung selbst lassen sich automatisch generieren. In Form von Text kann ein Algorithmus das optimale Wording einer Werbung finden, indem es Millionen von Varianten gleichzeitig Testet. In grafischer Form lassen sich ganze Kundenerlebnisse mithilfe von Machine Learning automatisch generieren und auf den Kunden anpassen (Meyer, 2017).

4.4 Cyber-Security

Für Klassische Methoden der Cyber-Sicherheit werden Abwehrmechanismen gegen bekannte Angriffsarten maßgeschneidert. Diesem Ansatz fehlt es an Flexibilität und Robustheit. Prozesse der Anpassung an neue Angriffe finden nur sehr langsam statt (Anwar & Hassan, 2017). Es bedarf Verteidigungsmaßnahmen, die flexibel, anpassungsfähig, robust und in der Lage sind eine große Zahl verschiedener Bedrohungen zu erkennen und darauf in Echtzeit intelligent zu reagieren (Dilek, Cakır, & Aydın, 2015).

Cyberangriffe durch Malware verursachen weltweit Schäden von mehr als 500 Milliarden $ (Stand 2014) (Greengard, 2016). Die meisten Netzwerkangriffe werden von intelligenten Agenten wie Würmern und Viren ausgeführt. Diese machen es notwendig halbautomatische Agenten einzusetzen, die Angriffe erkennen, analysieren und bekämpfen können. Diese Angriffe bedrohen mit größer werdender Zahl global alle Computer Systeme. Durch die Verbreitung des Internets hat heutzutage fast jeder User Zugriff auf Wissen und Tools, um einen Angriff durchzuführen (Dilek et al., 2015). Angriffe wie Zero-Day Attacks, die sofort zuschlagen und sich vermehren, polymorphe Malware, die ihren Code verändern kann um nicht erkannt zu werden, und Trojaner, die sich in Systemen über Monate und Jahre verstecken können, erschweren die Abwehr von Angriffen. Clouds wie die von AWS oder Google (vgl. Kapitel 3.1 und 3.5) tragen zum Sicherheitsrisiko bei, da die Programme und Daten von Firmen und Einzelpersonen auf einem gemeinsamen System untergebracht sind, wodurch Grenzen zwischen diesen Instanzen teilweise aufgehoben werden (Greengard, 2016). Das macht Methoden wie AI, die Flexibilität und Lernfähigkeit mit sich bringen, in der Cyber-Sicherheit notwendig (Dilek et al., 2015).

AI-Systeme sind in der Lage Dateien und Code mithilfe von Sprachverarbeitungstechniken zu scannen und zu analysieren. Das verbessert die Fähigkeit von Algorithmen Cyberangriffe zu erkennen. Bei einem Großteil neuer Malware handelt es sich um alte Algorithmen, die an wenigen Stellen im Code geändert wurden. Herkömmliche Verfahren erkennen solche Algorithmen schon bei einer geringen Codedifferenz wie 2% nicht als Gefahr. neuronale Netze können mit Daten über bekannte Malware trainiert werden, sodass sie diese abgeänderten Versionen erkennen (Greengard, 2016).

Einsatz in Intrusion Detection Systems

Um sich gegen Angriffe aus dem Internet zu verteidigen werden Intrusion Detection Systems (IDSs) eingesetzt.

„Intrusion detection is the process of monitoring the events occurring in a computer system or network and analyzing them for signs of possible incidents that violate computer security policies or standard security practices" (Meng, Xiang, & Kwok, 2014).

Eine IDS ist eine Software, die diesen Prozess automatisiert. Die Hauptaufgaben eines solchen Systems sind:

- Relevante Informationen über Ereignisse aufzeichnen
- Sicherheitspersonal über wichtige Ereignisse informieren
- Alarm schlagen, wenn ein Eindringen in das System erkannt wird

Machine Learning Algorithmen werden für das Erkennen von Anomalien und als Fehlalarmfilter eingesetzt.

Das Erkennen von Anomalien ist eine Methode um Angriffe zu erkennen. Dabei wird das Verhalten von verbundenen Nutzern und anderen Verbindungspartnern mit dem Normalfall verglichen. Machine Learning kann dafür genutzt werden. Die Algorithmen lernen aus einer Menge von Verbindungsdaten und sind dadurch in der Lage Abweichungen von der Norm erkennen.

Fehlalarmfilter werden eingesetzt, um die große Zahl der Fehlalarme von IDSs zu minimieren. Bei der Erkennung von Anomalien können tausende von Alarmen pro Tag ausgelöst werden, die überprüft werden müssen. Die meisten dieser Alarme sind in der Regel Fehlalarme. Ein Fehlalarmfilter wird zwischen das IDS und die Alarmverarbeitung geschaltet um letztere zu entlasten. Ein Machine Learning Ansatz trainiert einen Algorithmus mit klassifizierten Paaren aus Alarm und Richtigkeit des Alarms. Dadurch lernt das System Fehlalarme von korrekt ausgelösten Alarmen zu unterscheiden (Meng et al., 2014).

4.5 Autonomes Fahren

In Zukunft sollen Autos und andere Fahrzeuge in der Lage sein, sich autonom, ohne das Eingreifen eines Menschen, über Straßen und durch Verkehr zu bewegen. Um dieses Ziel zu erreichen arbeiten Firmen wie General Motors, Ford, Tesla, Volvo, Google, Uber, Baidu, Nvidia, Apple und viele mehr an Lösungen auf dem Gebiet (Gates, Granville, Markoff, & Karl Russell and Anjali Singhvi, 2016; Nvidia, 2017).

Funktionsweise autonomer Fahrzeuge

Das Autonome Fahren basiert auf drei technischen Abläufen.

- Scannen der Fahrzeugumgebung und Platzieren des Fahrzeugs auf einer Karte

- Vorhersagen der Bewegungen anderer Verkehrsteilnehmer

- Entscheidungen über die Bewegung des Fahrzeuges treffen

Zum Scannen der Fahrzeugumgebung werden die Fahrzeuge mit einer Reihe von Sensoren ausgestattet, wie Abbildung 3 zeigt. Es existieren Abweichungen von den gezeigten Sensoren Konstellation, diese wird aber von einem großen Teil der Hersteller in ähnlicher Ausführung verwendet (Gates et al., 2016).

Abbildung 3: Sensoren für Autonomes Fahren

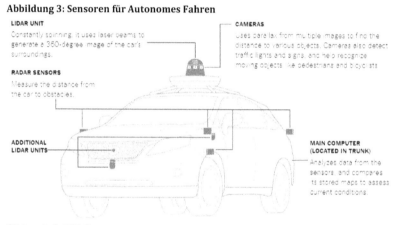

(Gates et al., 2016)

Die Sensordaten der verschiedenen Sensoren werden zusammengetragen. Daraus erstellt der Computer an Bord des Fahrzeuges eine 3D Umgebung um das Fahrzeug. Objekte, die von den Sensoren erfasst werden, werden mithilfe von Machine Learning klassifiziert. Dazu wird dem System eine große Zahl an Sensorbildern von Autos, Passanten, Fahrradfahrern und anderen Verkehrsteilnehmern gezeigt. Aus diesen Bildern lernt der Algorithmus diese Objekte in der generierten 3D Umgebung zu erkennen. Die 3D Umgebung und das eigene Fahrzeug werden mithilfe von GPS auf einer Straßenkarte platziert. So weiß das System wo sich das Auto auf der Straße befindet, wie diese auf dem weiteren Weg verläuft und wo sich auf und um den Weg Objekte befinden (Chris Urmson, 2015; Gates et al., 2016; Surden & William, 2016). Das resultierende Bild ist in Abbildung 4 zu sehen.

Abbildung 4: 3D Umgebung Autonomes Fahren

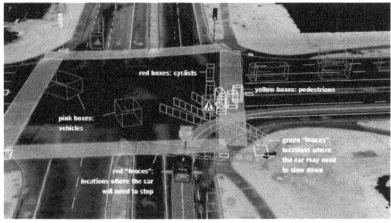

(Gates et al., 2016)

Die erzeugte Umgebung wird zusätzlich mit Bewegungsvorhersagen für die einzelnen Objekte ergänzt. Auch dafür wird Machine Learning genutzt. Dem Algorithmus wird eine große Zahl an klassifizierten Sensordaten gezeigt, in denen sich die Objekte bewegen. Daraus lernt der Algorithmus, die Bewegungen von Objekten vorherzusagen (Chris Urmson, 2015; Surden & William, 2016).

Aus der hieraus entstandenen Umgebung generiert der Computer des Fahrzeuges den zu wählenden Weg in Echtzeit (zu sehen in Abbildung 4 als grüner Streifen auf der Straße). Das Fahrzeug steuert automatisch entlang des generierten Weges mit einer für die Situation angepassten Geschwindigkeit (Chris Urmson, 2015; Surden & William, 2016).

Mehrwert durch den Einsatz autonomer Fahrzeuge

Um Herausforderungen, Chancen, und Folgen für die Verkehrspolitik durch autonome Fahrzeuge darzustellen haben Bagloee, Tavana, Asadi, and Oliver (2016) für die Fragestellung relevante Literatur analysiert und zusammengetragen. Im Folgenden werden einige ihrer Ergebnisse zusammengefasst und dargestellt. Dabei wird nur auf Punkte eingegangen, die eine volle Automatisierung des Fahrens betreffen.

Autonome Fahrzeuge sorgen für mehr Sicherheit. In 2010 wurden in den USA 32999 Menschen in Verkehrsunfällen getötet, 3,9 Millionen verletzt und 24 Millionen Fahrzeuge beschädigt, was einen Schaden in einer Gesamthöhe von 277 Milliarden $ verursachte. Menschliches Versagen ist die Ursache von mehr als 90% der

Unfälle. Autonome Fahrzeuge könnten die Zahl der Unfälle drastisch senken (Bagloee et al., 2016).

Dadurch, dass der Fahrer des Fahrzeuges nicht mehr aktiv am Verkehr teilnehmen muss, kann er die Zeit im Fahrzeug für andere Dinge nutzen, was die Opportunitätskosten von Fahrten senkt (Bagloee et al., 2016).

Öffentliche und private Personenbeförderung und Carsharing Modelle werden durch Wegfallen eines Fahrers günstiger und flexibler. Dadurch wird der Preis für Personentransport sinken. Zusätzlich besteht die Möglichkeit, dass die Notwendigkeit einer Privatperson, ein Auto zu besitzen, wegfällt (Bagloee et al., 2016).

Herausforderungen für den uneingeschränkten Nutzen von autonomen Fahrzeugen

Bevor autonome Fahrzeuge uneingeschränkt genutzt werden können müssen entsprechende Gesetze verabschiedet werden, die bisher offene Fragen von Versicherung und Schuld bei Unfällen klären. Bagloee et al. (2016) haben dazu eine Liste von Schlüsselfragen zusammengestellt, die in diesem Zusammenhang von Bedeutung sein werden:

"• In the case of an occupied vehicle where the "driver" is not in effective control, is the driver liable for an accident or the owner of the vehicle?

• In the case of an unoccupied vehicle, who is liable for an accident?

• Should comprehensive insurance become compulsory?

• In a situation where a pedestrian is injured by an unoccupied vehicle, who is at fault and who can the police charge with a crime?

• Will there be an offence such as negligent driving when negligence requires the actions of an individual and a mental element?

• Who will be responsible if the AV is used in the commission of a crime such as a bank robbery?

• Will the same laws apply to an occupied AV where the AV was not under the control of the occupant, yet the occupant is under the influence of alcohol or drugs, or is sleep deprived?

• Which Court will have jurisdiction to deal with matters pertaining to AVs, or will a special Court or Tribunal be established to deal with the specifics of this technology?

• The parameters of accident compensation insurance which compensates people for injuries sustained in motor vehicle accidents will need to be re-visited and substantial changes to this legislation may be required, including but not limited to the same issues above, where a vehicle is unoccupied."

4.6 (Video-)Spiele

(Video-)Spiele werden für Experimente mit Machine Learning Algorithmen und zum Training von Machine Learning Algorithmen mit realen Anwendungen genutzt. Spiele und Videospiele haben den Vorteil, dass sie auf Computern simuliert, bzw. ausgeführt werden können. Das macht es möglich mehrere Instanzen des Spiels gleichzeitig von einem Algorithmus bearbeiten zu lassen, was den Lernprozess beschleunigt. Auch können die Umgebungen kostengünstig angepasst werden.

Das Lösen von Spielen und Videospielen verlangt einer Software verschiedene kognitive Fähigkeiten ab. Lösungen, die für solche Probleme gefunden werden, lassen sich direkt auf Probleme der realen Welt übertragen. Forscher haben die Hoffnung, dass Spiele dabei helfen können, das Problem der allgemeinen Intelligenz auf kleinere Stücke herunterzubrechen (The Economist, 2017).

Der zeitaufwändige Prozess der Trainingsdatenerstellung, bei dem Bilder manuell beschrieben und gezeigte Gegenstände kategorisiert werden müssen, kann mit Videospielen beschleunigt werden. Das liegt daran, dass alle Gegenstände in einem Spiel bereits korrekt beschrieben sind. Beispielsweise wird ein Haus auf dem Bild vom Spiel bereits korrekterweise als Haus beschrieben. Durch den hohen Grad an Realismus in modernen Spielen können die Trainingswerte aus Videospielen genauso gut sein, wie die von Bildern aus der Realität (Knight, 2016b).

Machine Learning Projekte mit (Video-)Spielen

Forschern der DeepMind Einrichtung ist es gelungen einen Algorithmus zu entwickeln, der lernt ein Videospiel zu spielen, und dieses Wissen nutzt, um weitere Videospiele zu lernen. Für jedes zusätzliche Spiel muss der Lernprozess nicht mehr von vorne begonnen werden. Anstatt dessen baut der Lernprozess für das neue Spiel auf dem Wissen über das bereits gelernte auf (Burgess, 2017).

DeepMind hat mit AlphaGo einen Algorithmus entwickelt, der die besten Go Spieler der Welt schlagen kann. Go ist ein Brettspiel. Die Spieler platzieren abwechselnd schwarze und weiße Steine auf das Brett und versuchen dabei Flächen zu umschließen oder gegnerische Steine zu erobern. Das Spiel hat 10^{170} verschiedene Brettkonfigurationen, was einer Zahl entspricht, die größer als die Anzahl der Atome des uns bekannten Universums ist. Diese Tatsache macht es für Algorithmen schwierig einen optimalen Zug zu berechnen, da nicht alle möglichen Konsequenzen von jedem möglichen Zug in angebrachter Zeit in Betracht gezogen werden können. AlphaGo wurde eine große Zahl an Amateurspielen gezeigt, um dem Algorithmus ein Grundverständnis über das Spiel zu geben. Danach hat der Algorithmus tausende Male gegen verschiedene Versionen von sich selbst gespielt und aus jedem Spiel gelernt und seine Vorgehensweise optimiert (Deepmind, 2017a).

DeepMind arbeitet an einer Software, die das Spiel Starcraft 2 spielen kann. Starcraft 2 ist ein Echtzeitstrategiespiel, bei dem ein Spieler Ressource sammeln, eine Basis bauen und Einheiten erschaffen muss. Ziel einer Partie ist es mit den eigenen Einheiten alle Gebäude des Gegners zu zerstören. Um das Spiel zu beherrschen, muss der Algorithmus Fähigkeiten, wie das Vorausplanen von Aktionen und dem Nutzen von Erinnerungen haben. Der Entwickler des Spiels Blizzard hofft die entstandene AI zum Training von professionellen Starcraft 2 Spielern einsetzen zu können (Knight, 2016a).

OpenAI hat ein kostenloses Tool veröffentlicht, was es ermöglicht bestimmte Videospiele für Machine Learning Experimente zu nutzen (für mehr Details siehe Kapitel 3.6 OpenAI).

OpenAI hat einen Algorithmus entwickelt, der im Spiel Dota 2 Eins-gegen-Eins-Gefechte spielen kann. Dota 2 ist ein Echtzeitstrategiespiel, bei dem der Spieler eine Figur steuert, dessen Angriffe ausführt und Gegenstände zur Verstärkung der Spielfigur kauft und einsetzt. Ziel einer Partie ist es den gegnerischen Spieler zu töten oder seinen Turm zu zerstören. Der Algorithmus wurde ohne menschlich generierte Trainingsdaten trainiert. Anstatt dessen hat er tausende Male gegen eine andere Version von sich selbst gespielt und aus diesen Partien gelernt. Der Algorithmus war in der Lage die besten professionellen Dota 2 Spieler zu schlagen (OpenAI, 2017b).

5 Zusammenfassung und Ausblick

5.1 Zusammenfassung

Das Ziel dieser Arbeit war es, das Thema „Machine Learning" zu analysieren und einen Überblick zu geben. Der Fokus lag dabei auf der Darstellung der Grundlagen und des aktuellen Standes der Aktivitäten der Key Player und der Anwendungsgebiete. Der Begriff des Machine Learning beschreibt künstliche Systeme, die aus Beispielen lernen und diese verallgemeinern indem Muster und Gesetzmäßigkeiten in den Daten erkannt werden.

Bei den Grundlagen wurden Software und Hardware betrachtet. Dabei sticht in beiden Bereichen das Deep Learning heraus. Diese Vorgehensweise macht Bilderkennung, Spracherkennung und -generierung sowie das Ausführen komplexer kognitiver Aufgaben durch Computersysteme möglich. Die meiste Hardware, die für Machine Learning entwickelt wird, ist auf Deep Learning ausgelegt. Die Kapitel der Key Player und Anwendungsgebiete bestätigen die Wichtigkeit des Deep Learning. Google und Nvidia optimieren ihre Hardware für Deep Learning. OpenAI und Googles DeepMind erzielen große Forschungserfolge mithilfe der Technologie. In der Medizin kann Deep Learning unter anderem dazu verwendet werden Selbstmorde vorherzusagen und medizinische Bilder zu untersuchen. Im autonomen Fahren wird es für die Objekterkennung und die Vorhersage von Bewegungen anderer Verkehrsteilnehmer genutzt.

Das Kapitel der Key Player sollte Produkte, Forschung und Vorgehensweisen einer Auswahl von Firmen darstellen. Google, Microsoft und Amazon sind ähnlich aufgestellt. Alle drei Firmen integrieren Machine Learning in ihren eigenen Produkten und bieten eine Cloud Plattform an, mit der Kunden Machine Learning in ihre eigenen Produkte integrieren können, ohne für den teuren Overhead zu zahlen. Diese Cloud Plattformen ermöglichen die Verbreitung von Machine Learning Ansätzen über die Grenzen großer Konzerne und IT naher Firmen hinaus. IBM vereint seine Machine Learning Technologien unter dem Produktnamen Watson. Die Firma bietet maßgeschneiderte Lösungen für Firmen an. Nvidia und Google bieten Hardware an, die für neuronale Netze optimiert wurde. OpenAI und die Google Tochterfirma DeepMind forschen in Richtung einer allgemeinen künstlichen Intelligenz. Beide Firmen verwenden vermehrt (Video-)Spiele um Experimente mit Algorithmen durchzuführen.

Das Kapitel Anwendungsgebiete sollte Anwendungen und Herausforderungen für eine Auswahl von Anwendungsgebieten darstellen. In der Medizin kann Machine Learning in den Bereichen der Diagnose, der Behandlung, der Patientenversorgung, der Behandlungsfindung und der Medikamentenforschung eingesetzt werden. Ein uneingeschränktes Anwenden von Machine Learning wird gebremst von der geringen Verfügbarkeit von Daten, die für das Training der Algorithmen gebraucht werden. Zum einen sind Krankendaten oft unstrukturiert und unvollständig, zum anderen ist es rechtlich schwierig, an diese Daten heranzukommen. Das Finanzwesen könnte einer der Vorreiter im Einsatz von Machine Learning Technologien sein. Die dynamische Natur von Finanzmärkten macht es nötig eine große Menge möglichst aktueller Daten in Kalkulationen einzubeziehen. Im Finanzwesen ist es relativ einfach Machine Learning zu verwenden, da die Digitalisierung in dieser Branche schon weit fortgeschritten ist. Die wichtigsten Anwendungen für Machine Learning in diesem Bereich sind das Portfolio Management, Vorhersagen für Aktienmärkte und Risiko Management. Im Marketing wird Machine Learning dazu verwendet, den Zustand des Marktes und die Bedürfnisse des Kunden zu erkennen und daraus Marketing Maßnahmen abzuleiten. Der Fokus liegt auf der Personalisierung von Marketingmaßnahmen. In der Cyber-Security wird Machine Learning für flexible, anpassungsfähige und robuste Sicherheitssoftware eingesetzt. Neue, immer ausgereiftere Angriffsmethoden, die eine größer werdende Zahl an Systemen und Daten bedrohen machen den Einsatz von Machine Learning für Verteidigungsmaßnahmen notwendig. Autonome Fahrzeuge nutzen Machine Learning, um Objekte in der Umgebung zu erkennen, deren Bewegungsmuster vorherzusagen und schließlich die eigene Bewegung zu planen. Eine Herausforderung für diesen Einsatz ist die Gesetzeslage. Die Rechtslage, Schuldfrage und das Versicherungswesen bei Unfällen müssen geklärt werden, bevor diese Systeme von Konsumenten auf öffentlichen Straßen uneingeschränkt genutzt werden können. Der Einsatz solcher Fahrzeuge sorgt für mehr Sicherheit, senkt die Opportunitätskosten von Fahrten und ermöglicht neue und günstigere Konzepte für öffentliche und private Personenbeförderung und Car-Sharing. Videospiele und Spiele allgemein bieten eine gute Möglichkeit Machine Learning Algorithmen zu erforschen und Lerndaten für Algorithmen zu generieren. Durch die Möglichkeit die Situationen in Spielen kostengünstig anzupassen und mehrere Instanzen eines lernenden Algorithmus parallel auszuführen, werden Lernprozesse stark beschleunigt und die Kosten niedrig gehalten. Erkenntnisse, die beim Lösen von Spielen mithilfe von Machine Learning Algorithmen gewonnen wurden, lassen sich auf Probleme der realen Welt übertragen.

5.2 Ausblick

Machine Learning Technologien haben das Potential in allen Branchen für weitreichende Veränderungen zu sorgen. Heute ist ihr Einsatz größtenteils auf IT nahe Branchen beschränkt, das dürfte sich in naher Zukunft jedoch ändern, wenn immer mehr Firmen und Branchen die Potentiale der Technologie erkennen und verstehen, wie diese für die eigenen Zwecke eingesetzt werden kann. In vielen Bereichen muss das Sammeln und Zusammentragen wichtiger Daten, die für das Training der Algorithmen benötigt werden, noch optimiert werden. Mit der Verbreitung der Technologie und der damit einhergehenden Automatisierung vieler Aufgaben kommen auch Herausforderungen auf unsere Gesellschaft zu. Viele Arbeitsplätze auf allen Stufen der Karriereleiter sind in Gefahr durch diese Technologie obsolet zu werden. Auch Gesetzgeber müssen sich auf neue Anforderungen einstellen. Datenschutz, Verkehrsregeln, das Versicherungswesen und viele weitere Aspekte werden sich an den Einsatz von Machine Learning anpassen müssen.

6 Literaturverzeichnis

6.1 Bücher (Monographien)

Kruse, R., Borgelt, C., Braune, C., Klawonn, F., Moewes, C., & Steinbrecher, M. 2015. *Computational Intelligence*. Wiesbaden: Springer Fachmedien Wiesbaden.

Marshland, S. 2015. *Machine Learning: An algorithmic perspective* (Second edition). *Chapman & Hall / CRC machine learning & pattern recognition series*. Boca Raton, FL: CRC Press.

6.2 Bücher (Sammelwerke)

Dunis, C. L., Middleton, P. W., Theofilatos, K. A., & Karathanasopolous, A. (Eds.). 2016. Artificial Intelligence in Financial Markets: Cutting Edge Applications for Risk Management, Portfolio Optimization and Economics. New Developments in Quantitative Trading and Investment. London: Palgrave Macmillan UK.

Sammut, C., & Webb, G. I. (Eds.). 2017. Encyclopedia of Machine Learning and Data Mining. Boston, MA: Springer US.

Yadav, N., Yadav, A., & Kumar, M. (Eds.). 2015. An Introduction to Neural Network Methods for Differential Equations. SpringerBriefs in Applied Sciences and Technology. Dordrecht: Springer Netherlands.

6.3 Buchkapitel

Martinez-Jaramillo, S., Centeno, T. P., Alexandrova-Kabadjova, B., & Garcia-Almanza, A. L. 2017. Evolutionary Computation in Finance. In C. Sammut & G. I. Webb (Eds.), *Encyclopedia of Machine Learning and Data Mining* (pp. 435–444). Boston, MA: Springer US.

Meng, Y., Xiang, Y., & Kwok, L.-F. 2014. Applications of Machine Learning in Intruision Detection. In A.-S. K. Pathan (Ed.), *The State of the Art in Intrusion Prevention and Detection* (pp. 311–331).

Patwardhan, S. G., Katdare, V. V., & Joshi, M. R. 2016. A Review of Artifi cially In-telligent Applications in the Financial Domain. In C. L. Dunis, P. W. Middle-ton, K. A. Theofilatos, & A. Karathanasopolous (Eds.), *New Developments in Quantitative Trading and Investment. Artificial Intelligence in Financial Markets. Cutting Edge Applications for Risk Management, Portfolio Optimi-zation and Economics* (pp. 3–44). London: Palgrave Macmillan UK.

Sammut, C. 2017. Genetic and Evolutionary Algorithms. In C. Sammut & G. I. Webb (Eds.), *Encyclopedia of Machine Learning and Data Mining* (pp. 566–567). Boston, MA: Springer US.

Zhu, X. 2017. Semi-supervised Learning. In C. Sammut & G. I. Webb (Eds.), *Ency-clopedia of Machine Learning and Data Mining* (p. 1147). Boston, MA: Springer US.

6.4 Graue Literatur / Berichte / Reports

Aberdeen, D., Pacovsky, O., & Slater, A. 2010. *The Learning behind Gmail priority Inbox.*

Burghin, J., Hazan, E., Ramaswamy, S., Chui, M., Allas, T., Dahkström, P.,. . . Trench, M. 2017. *Artificial intelligence: the next digital frontier?*

Bzdok, D., & Meyer-Lindenberg, A. 2017. *Machine learning for precision psychia-try.*

Freund, K. 2017a. *A machine learning application landscape: and appropriate hardware alternatives.*

Liu, Y., Gadepalli, K., Norouzi, M., Dahl, G. E., Kohlberger, T., Boyko, A.,. . . Stumpe, M. C. 2017. *Detecting Cancer Metastases on Gigapixel Pathology Images.*

PWC. 2017. *Sizing the price: What's the real value of AI for your business and how can you capitalise?*

Surden, H., & William, M.-A. 2016. *How Self Driving Cars Work.*

6.5 Internetdokumente

Amazon. 2017a. Alexa Machine Learning. https://www.ama-zon.jobs/en/teams/alexa-machine-learning?base_query=&loc_query=&job_count=10&result_limit=10&sort=relevant&team_category%5B%5D=alexa-machine-learning&cache, aufgerufen am 07.09.2017.

Amazon. 2017b. Alexa User Guide - Amazon Official Site. https://www.ama-zon.com/b/ref=echo_dp_pack?node=16067214011, aufgerufen am 07.09.2017.

Amazon. 2017c. Amazon Echo - Amazon Official Site - Alexa-Enabled. https://www.amazon.com/Amazon-Echo-Bluetooth-Speaker-with-WiFi-Alexa/dp/B00X4WHP5E, aufgerufen am 07.09.2017.

Amazon. 2017d. Amazon Prime Air. https://www.amazon.com/Amazon-Prime-Air/b?node=8037720011, aufgerufen am 07.09.2017.

Amazon. 2017e. Der Fire TV Stick mit Alexa-Sprachfernbedienung – Amazon.de – Streaming Media Stick. https://www.amazon.de/neue-Fire-Stick-mit-Alexa-Sprachfernbedienung/dp/B01ETRIS3K, aufgerufen am 07.09.2017.

Amazon. 2017f. Was ist AWS? – Amazon Web Services. https://aws.ama-zon.com/de/what-is-aws/, aufgerufen am 07.09.2017.

Amazon Web Services. 2017a. Amazon KI – Künstliche Intelligenz – AWS. https://aws.amazon.com/de/amazon-ai/, aufgerufen am 03.08.2017.

Amazon Web Services. 2017b. Amazon Machine Learning – Prädiktive Analysen mit AWS. https://aws.amazon.com/de/machine-learning/, aufgerufen am 07.09.2017.

Arterys. 2017. Arterys Receives FDA Clearance For The First Zero-Footprint Medical Imaging Analytics Cloud Software With Deep Learning For Cardiac MRI. http://www.prnewswire.com/news-releases/arterys-receives-fda-clearance-for-the-first-zero-footprint-medical-imaging-analytics-cloud-software-with-deep-learning-for-cardiac-mri-300387880.html, aufgerufen am 28.07.2017.

Arthur, R. 2016. Macy's Teams With IBM Watson For AI-Powered Mobile Shopping Assistant. https://www.forbes.com/sites/rachelarthur/2016/07/20/macys-teams-with-ibm-watson-for-ai-powered-mobile-shopping-assistant/#595c32257f41, aufgerufen am 01.08.2017.

Bloomberg. 2017. The Mobile Internet Is Over. Baidu Goes All In on AI. https://www.bloomberg.com/news/articles/2017-03-16/the-mobile-internet-is-over-baidu-goes-all-in-on-ai, aufgerufen am 07.08.2017.

Brockman, G., & Schulman, J. 2016. OpenAI Gym Beta. https://blog.openai.com/openai-gym-beta/, aufgerufen am 04.08.2017.

Brownlee, J. 2013. A Tour of Machine Learning Algorithms. https://machinelearningmastery.com/a-tour-of-machine-learning-algorithms/, aufgerufen am 22.08.2017.

Brownlee, J. 2016. What is Deep Learning? - Machine Learning Mastery. http://machinelearningmastery.com/what-is-deep-learning/, aufgerufen am 15.08.2017.

Burgess, M. 2017. DeepMind's new algorithm adds 'memory' to AI. http://www.wired.co.uk/article/deepmind-atari-learning-sequential-memory-ewc, aufgerufen am 12.05.2017.

Chris Urmson. 2015. Chris Urmson: How a driverless car sees the road - YouTube. https://www.youtube.com/watch?v=tiwVMrTLUWg, aufgerufen am 12.09.2017.

Clark, J. 2016. Thomas Jefferson University Hospital launches cognitive rooms. https://www.ibm.com/blogs/internet-of-things/thomas-jefferson-university-hospital/, aufgerufen am 19.08.2017.

Condliffe, J. 2017. Microsoft wants AI to fill your blind spots, not take over your job. https://www.technologyreview.com/s/608272/microsoft-thinks-ai-will-fill-your-blind-spots-not-take-over-your-job/, aufgerufen am 03.08.2017.

Cool Videos. 2017. Amazon Jeff Bezos on Deep Learning Artificial Intelligence AI machine learning. https://www.youtube.com/watch?v=FHL1giATmmM, aufgerufen am 07.09.2017.

Culp, S. 2017. Artificial Intelligence Is Becoming A Major Disruptive Force In Banks' Finance Departments. https://www.forbes.com/sites/steveculp/2017/02/15/artificial-intelligence-is-becoming-a-major-disruptive-force-in-banks-finance-departments/#5ce44c6c4f62, aufgerufen am 05.08.2017.

Dean, J., & Hölzle, U. 2017. Build and train machine learning models on our new Google Cloud TPUs. https://www.blog.google/topics/google-cloud/google-cloud-offer-tpus-machine-learning/, aufgerufen am 01.09.2017.

Deepmind. 2017a. AlphaGo. https://deepmind.com/research/alphago/, aufgerufen am 13.09.2017.

Deepmind. 2017b. DeepMind. https://deepmind.com/, aufgerufen am 31.07.2017.

Dettmers, T. 2015. Deep Learning in a Nutshell: History and Training. https://devblogs.nvidia.com/parallelforall/deep-learning-nutshell-history-training/, aufgerufen am 23.08.2017.

Evans, R., & Gao, J. 2016. DeepMind AI Reduces Google Data Centre Cooling Bill by 40%. https://deepmind.com/blog/deepmind-ai-reduces-google-data-centre-cooling-bill-40/, aufgerufen am 31.08.2017.

Fagella, D. 2016. Machine Learning in Finance - Present and Future Applications. https://www.techemergence.com/machine-learning-in-finance/, aufgerufen am 27.08.2017.

Faggella, D. 2016. Artificial Intelligence in Marketing and Advertising: 5 Examples of Real Traction. https://www.techemergence.com/artificial-intelligence-in-marketing-and-advertising-5-examples-of-real-traction/, aufgerufen am 29.08.2017.

Freund, K. 2017b. Baidu Adds Momentum To NVIDIA's Lead In AI. http://www.moorinsightsstrategy.com/baidu-adds-momentum-to-nvidias-lead-in-ai/, aufgerufen am 17.08.2017.

Freund, K. 2017c. What To Expect in 2017 From AMD, INTEL, NVIDIA, XILINX And Others For Machine Learning. http://www.moorinsightsstrategy.com/what-to-expect-in-2017-from-amd-intel-nvidia-xilinx-and-others-for-machine-learning/, aufgerufen am 17.08.2017.

Fumo, D. 2017. Types of Machine Learning Algorithms You Should Know. https://medium.com/towards-data-science/types-of-machine-learning-algorithms-you-should-know-953a08248861, aufgerufen am 22.08.2017.

Gabler Wirtschaftslexikon. 2017. Definition Marketing. http://wirtschaftslexikon.gabler.de/Archiv/1286/marketing-v9.html, aufgerufen am 29.08.2017.

Gartner. 2017. Gartner's Top 10 Strategic Technology Trends for 2017. http://www.gartner.com/smarterwithgartner/gartners-top-10-technology-trends-2017/, aufgerufen am 30.06.2017.

Gates, G., Granville, K., Markoff, J., & Karl Russell and Anjali Singhvi. 2016. The Race for Self-Driving Cars. https://www.nytimes.com/interactive/2016/12/14/technology/how-self-driving-cars-work.html?_r=0, aufgerufen am 12.09.2017.

Gershgorn, D. 2017. Nvidia is unstoppable—until somebody invents a better AI chip. https://qz.com/979846/nvidia-nvda-is-unstoppable-until-somebody-invents-a-better-ai-chip/, aufgerufen am 31.07.2017.

Google Inc. 2017a. Google Cloud Machine Learning at Scale. https://cloud.google.com/products/machine-learning/, aufgerufen am 31.08.2017.

Google Inc. 2017b. TensorFlow. https://www.tensorflow.org/, aufgerufen am 31.07.2017.

Google Inc. 2017c. Research at Google: Machine Intelligence. https://research.google.com/pubs/MachineIntelligence.html, aufgerufen am 31.07.2017.

Heller, D. 2017. How artificial intelligence will save lives in the 21st century - Florida State University News. https://news.fsu.edu/news/health-medicine/2017/02/28/how-artificial-intelligence-save-lives-21st-century/.

Hutson, M. 2017. Self-taught artificial intelligence beats doctors at predicting heart attacks. http://www.sciencemag.org/news/2017/04/self-taught-artificial-intelligence-beats-doctors-predicting-heart-attacks.

IBM. 2016a. IBM Training Watson in Cybersecurity. https://www-03.ibm.com/press/us/en/pressrelease/49683.wss, aufgerufen am 01.08.2017.

IBM. 2016b. Local Motors Debuts Self-driving Vehicle With IBM Watson. https://www-03.ibm.com/press/us/en/pressrelease/49957.wss, aufgerufen am 02.09.2017.

IBM. 2017. IBM Watson Health - Genomics. https://www.ibm.com/watson/health/oncology-and-genomics/genomics/, aufgerufen am 03.09.2017.

Knight, W. 2016a. One of the world's most popular computer games will soon be open to many sophisticated AI players. https://www.technologyreview.com/s/602796/starcraft-will-become-the-next-big-playground-for-ai/, aufgerufen am 12.05.2017.

Knight, W. 2016b. What self-driving cars can learn by playing Grand Theft Auto. https://www.technologyreview.com/s/602317/self-driving-cars-can-learn-a-lot-by-playing-grand-theft-auto/, aufgerufen am 13.09.2017.

Konrad, A. 2017. IBM Turns Watson Into A Cybersecurity Weapon Amid White House Interest. https://www.forbes.com/sites/alexkonrad/2017/02/13/ibm-turns-watson-to-cyber-security/#2206dd052e8e, aufgerufen am 01.08.2017.

Levy, S. 2015. How Elon Musk and Y Combinator Plan to Stop Computers From Taking Over. https://medium.com/backchannel/how-elon-musk-and-y-combinator-plan-to-stop-computers-from-taking-over-17e0e27dd02a, aufgerufen am 04.08.2017.

Lohr, S. 2016. IBM Is Counting on Its Bet on Watson, and Paying Big Money for It. https://www.nytimes.com/2016/10/17/technology/ibm-is-counting-on-its-bet-on-watson-and-paying-big-money-for-it.html?_r=0, aufgerufen am 03.09.2017.

Merriam-Webster. 2017. Definition of ARTIFICIAL INTELLIGENCE. https://www.merriam-webster.com/dictionary/artificial%20intelligence, aufgerufen am 09.08.2017.

Meyer, T. 2017. 6 zentrale Trends: So verändert Machine Learning das Marketing | Digital Marketing Blog. https://blogs.adobe.com/digitaleurope/de/digital-marketing-de/6-zentrale-trends-so-veraendert-machine-learning-das-marketing/, aufgerufen am 25.07.2017.

Microsoft. 2017a. Cortana | Your Intelligent Virtual & Personal Assistant. https://www.microsoft.com/en-us/windows/Cortana, aufgerufen am 06.09.2017.

Microsoft. 2017b. Intelligent apps. https://www.microsoft.com/en-us/AI/intelligent-apps, aufgerufen am 06.09.2017.

Microsoft. 2017c. KI-Plattformen und Daten-, Analysen- & Bot-Plattformen. https://www.microsoft.com/de-de/AI/ai-platform, aufgerufen am 05.09.2017.

Microsoft. 2017d. Microsoft AI | Products, Services, Research | Artificial Intelligence. https://www.microsoft.com/en-us/ai, aufgerufen am 31.07.2017.

Microsoft. 2017e. What is Azure: The Best Cloud Service from Microsoft. https://azure.microsoft.com/en-us/overview/what-is-azure/, aufgerufen am 06.09.2017.

Novet, J. 2017. Microsoft just officially listed AI as one of its top priorities, replacing mobile. https://www.cnbc.com/2017/08/02/microsoft-2017-annual-report-lists-ai-as-top-priority.html, aufgerufen am 07.08.2017.

Nvidia. 2017. Deep Learning and AI Solutions from NVIDIA. https://www.nvidia.com/en-us/deep-learning-ai/solutions/, aufgerufen am 31.07.2017.

OpenAI. 2017a. About OpenAI. https://openai.com/about/, aufgerufen am 04.08.2017.

OpenAI. 2017b. Dota 2. https://blog.openai.com/dota-2/, aufgerufen am 14.09.2017.

OpenAI. 2017c. OpenAI Github Bibliothek. https://github.com/openai, aufgerufen am 10.09.2017.

OpenAI. 2017d. OpenAI Research. https://openai.com/research/, aufgerufen am 04.08.2017.

Shaikh, F. 2017. Why are GPUs necessary for training Deep Learning models? https://www.analyticsvidhya.com/blog/2017/05/gpus-necessary-for-deep-learning/, aufgerufen am 29.07.2017.

Strope, B., & Kurzweil, R. 2017. Efficient Smart Reply, now for Gmail. https://research.googleblog.com/2017/05/efficient-smart-reply-now-for-gmail.html, aufgerufen am 31.08.2017.

Sullivan, D. 2016. FAQ: All about the Google RankBrain algorithm. http://sear-chengineland.com/faq-all-about-the-new-google-rankbrain-algorithm-234440, aufgerufen am 31.07.2017.

Tedeschi, B. 2016. How machine learning could revolutionize medicine. https://www.statnews.com/2016/10/03/machine-learning-medicine-health/, aufgerufen am 12.07.2017.

Templeton, G. 2017. Goodbye Search, Google Is Becoming "A.I. First". https://www.inverse.com/article/30899-google-ai-search-assistant-ma-chine-learning, aufgerufen am 13.05.2017.

The Economist. 2017. Why AI researchers like video games. https://www.eco-nomist.com/news/science-and-technology/21721890-games-help-them-understand-reality-why-ai-researchers-video-games, aufgerufen am 14.09.2017.

The Medical Futurist. 2017. Artificial Intelligence Will Redesign Healthcare - The Medical Futurist. http://medicalfuturist.com/artificial-intelligence-will-redesign-healthcare/, aufgerufen am 23.08.2017.

Todd Bishop. 2017. Jeff Bezos explains Amazon's artificial intelligence and ma-chine learning strategy. https://www.geekwire.com/2017/jeff-bezos-ex-plains-amazons-artificial-intelligence-machine-learning-strategy/, aufge-rufen am 04.08.2017.

Wikipedia. 2017a. Artificial general intelligence. https://en.wikipe-dia.org/w/index.php?oldid=798001570, aufgerufen am 31.08.2017.

Wikipedia. 2017b. Maschinelles Lernen. https://de.wikipedia.org/w/in-dex.php?oldid=167611705, aufgerufen am 07.08.2017.

Wikipedia. 2017c. Open Source. https://de.wikipedia.org/w/index.php?ol-did=167856487, aufgerufen am 31.08.2017.

Zerega, B. 2017. AI Weekly: Google shifts from mobile-first to AI-first world. https://venturebeat.com/2017/05/18/ai-weekly-google-shifts-from-mo-bile-first-to-ai-first-world/, aufgerufen am 07.08.2017.

6.6 Zeitschriftenaufsätze

Anwar, A., & Hassan, S. I. 2017. applying artificial intelligence techniques to precvent cyber assaults. *International Journal of Computational Intelligence Research, 13*(5), 883–889.

Bagloee, S. A., Tavana, M., Asadi, M., & Oliver, T. 2016. Autonomous vehicles: Challenges, opportunities, and future implications for transportation policies. *Journal of Modern Transportation, 24*(4), 284–303.

Chen, Y., Elenee Argentinis, J. D., & Weber, G. 2016. IBM Watson: How Cognitive Computing Can Be Applied to Big Data Challenges in Life Sciences Research. *Clinical therapeutics, 38*(4), 688–701.

Conick, H. 2017. the past present and future of ai marketing. *Marketing News.*

Dilek, S., Cakır, H., & Aydın, M. 2015. Applications of Artificial Intelligence Techniques to Combating Cyber Crimes: A Review. *International Journal of Artificial Intelligence & Applications, 6*(1), 21–39.

Freedman, D. H. 2017. IBM. *MIT Technology Review, 120*(4), 72-77.

Greengard, S. 2016. Cybersecurity gets smart: Researchers aim to apply artificial intelligence and machine-learning methods to take cybersecurity to a new, higher, and better level. *Communications of the ACM, 59*(5), 29–31.

Hi'ovská, K., & Koncz, P. 2012. Application of Artificial Intelligence and Data Mining Techniques to Financial Markets. *ACTA VŠFS, 6*(1), 62–76.

Jordan, M. I., & Mitchell, T. M. 2015. Machine learning: Trends, perspectives, and prospects. *Science (New York, N.Y.), 349*(6245), 255–260.

LeCun, Y., Bengio, Y., & Hinton, G. 2015. Deep learning. *Nature, 521*(7553), 436–444.

Muggleton, S. 2014. Alan Turing and the development of Artificial Intelligence. *AI Communications, 27*(1), 3–10.

Mukherjee, S. 2017. Prepare for the digital health revolution. *Fortune,* 37–45.

Savage, N. 2012. Better medicine through machine learning. *Communications of the ACM, 55*(1), 17–19.